农村"互联网+"时代的创业突围

◎ 张正飞 编

中国农业科学技术出版社

图书在版编目（CIP）数据

农村"互联网+"时代的创业突围/张正飞编.—北京：中国农业科学技术出版社，2018.4

ISBN 978-7-5116-3566-2

Ⅰ.①农… Ⅱ.①张… Ⅲ.①农民-创业-研究-中国 Ⅳ.①D669.2

中国版本图书馆CIP数据核字（2018）第043992号

责任编辑	张国锋
责任校对	马广洋
出 版 者	中国农业科学技术出版社
	北京市中关村南大街12号 邮编：100081
电 话	（010）82106636（编辑室） （010）82109702（发行部）
	（010）82109709（读者服务部）
传 真	（010）82106631
网 址	http://www.castp.cn
经 销 者	各地新华书店
印 刷 者	北京富泰印刷有限责任公司
开 本	850 mm×1 168 mm 1/32
印 张	4
字 数	116千字
版 次	2018年4月第1版 2019年9月第8次印刷
定 价	18.00元

版权所有·翻印必究

前　言

党的十九大报告指出，要促进农村一、二、三产业融合发展，支持和鼓励农民就业创业，拓宽增收渠道。特别是在"互联网+"的时代背景下，新型农民的创业致富路越走越宽，但面对迅速崛起的互联网技术，广大农民朋友在新时代的创业项目上依然存在迷茫和更多的不确定性。

现今社会，改革的浪潮正在深入推进，针对农村的改革也如火如荼地进行，聚焦"三农"政策，整合城乡发展，支持和鼓励农民就业创业，拓宽农业增收渠道已成为新时代下农村发展的主旋律，现在的农村迫切需要新产品、新技术、新思路的指引和支持，借助互联网思维，促进农民创业增收，显得尤为重要。俗话说：重农固本，是安民之基；深化改革，是兴农之思。

互联网技术在农村地区的广泛推广，有利于进一步打破城乡二元结构、激活城市与农村市场双向流动。新兴跨境电子商务平台的出现，为农村青年创业提供机会和空间，结合国家一带一路的宏观战略，依托B2B、C2C、B2C等平台参与国内外贸易活动，逐渐形成了以"平台创业""政企合作""资源整合"为代表的电商创业模式。但现阶段农村电商创业仍面临平台、渠道、物流、资金、团队建设等诸多问题，需要地方基层组织的积极引导，协同青年创业群体，从创平台、找销路、重物流、给政策、强培训几方面入手，为吸引、扶持农村青年返乡创业提供更好条件。

落实创新驱动发展战略，全面深化科技体制改革的中心任务是促进科技与经济的紧密结合。农村科技创业是通过创业的方式把科技直接带到农村生产经营活动中去。

在"大众创业,万众创新"的时代背景下,农民创业是推动农业发展的重要途径。创业不仅能为企业主,也能为所有的参与者和利益相关者创造、提高和实现价值,或使价值再生。研究在"互联网+"的时代背景下,如何将"互联网+"概念融入到农民创业中来,有效推进农民创业的发展,显得格外重要。

为适应国家对"三农"政策的推进,普及新时代下党的新农村政策,提升广大农民朋友的创新创业意识,促进国家关于大众创业,万众创新的推进,特编辑出版本书,为广大农民朋友在"互联网+"时代创业中提供借鉴和参考。

编者

2018.1

目 录

1 国家新农村政策解读 ………………………………………… 1
 1.1 我国农村信息化现状 ……………………………………… 1
 1.2 互联网对"三农"产业的影响 …………………………… 2
  1.2.1 农业生产成本降低 …………………………………… 2
  1.2.2 扩大农村农产品销售渠道,提高人均收入 ………… 2
  1.2.3 农村经济发展两极化差距增强 ……………………… 3
 1.3 互联网时代下推进农村经济发展对策 …………………… 3
  1.3.1 利用互联网思维布局农业活动 ……………………… 3
  1.3.2 增加农村销售渠道 …………………………………… 3
  1.3.3 政府引领投资,推动农村经济发展 ………………… 4
  1.3.4 农业物联网与农业生产 ……………………………… 4
  1.3.5 物联网在大田中的应用 ……………………………… 5
  1.3.6 物联网在设施园艺中的应用 ………………………… 6
  1.3.7 物联网在畜牧养殖中的应用 ………………………… 6
  1.3.8 物联网在水产养殖中的应用 ………………………… 6
  1.3.9 线上线下融合与农业经营 …………………………… 7
 1.4 信息化深化发展催生线上线下农业 ……………………… 7
 1.5 大数据与农业管理 ………………………………………… 10
  1.5.1 大数据提升农业监测预警能力 ……………………… 11
  1.5.2 大数据提升农业管理效率 …………………………… 12
 1.6 农业生产将发生智能化变革 ……………………………… 13

1.7	农业经营将迈入"双线"牵引新时代	14
1.8	农业大数据治理将深入推进	15
1.9	党的十九大时光,"三农"新希望	15
1.10	国家兴农惠民政策解读	19
1.10.1	乡村振兴战略的出处	22
1.10.2	乡村振兴战略的意义	22
1.10.3	乡村振兴战略的总要求	23
1.10.4	怎样实施乡村振兴战略	24

2 "互联网+"时代特点 30
2.1 "互联网+"时代的六大特征 30
2.2 互联网时代对传统消费品的影响 36
2.3 移动互联网时代该如何创业 38

3 新时代农村的转型 40
3.1 新时代的农村变革 40
3.2 "互联网+"解决农产品营销问题 41

4 农民互联网时代创业的前景分析 44

5 互联网时代农民创业的误区 49
农村创业的痛点 57

6 "互联网+"时代的农村创业商机 60
6.1 农村电商、村淘创业 61
6.2 县域农村电商物流创业 61
6.3 农村刷墙创业 62
6.4 农产品电商创业（F2B 和 F2C） 63
6.5 农特微商创业 64
6.6 农村O2O服务平台创业 65
6.7 农资集中采购平台、农机融资租赁创业 65
6.8 农村电商培训创业 66

	6.9 农村旅游平台创业	66
	6.10 "互联网+"开启农村大众创业新篇章	67
	6.11 十七大农村创业的经典赚钱模式	69

7 我国农村电子商务发展现状及未来 ... 72
7.1 农村电商的发展现状 ... 73
7.1.1 A2A 模式（agent to agent） ... 73
7.1.2 A2C 模式（agent to consumer） ... 73
7.1.3 C2C 模式（consumer to consumer） ... 73
7.2 农村电子商务的常见平台 ... 74
7.2.1 第三方电子商务平台 ... 74
7.2.2 自建网站 ... 74
7.2.3 其他网络平台 ... 74
7.3 农村电商存在的问题 ... 75
7.3.1 农村信息基础设施较差 ... 75
7.3.2 农民思想观念保守，存在严重的怕风险意识 ... 75
7.3.3 农村缺乏健全的物流体系 ... 75
7.3.4 农村电商缺乏政策法律规范 ... 76
7.4 促进农村电商发展的有效策略 ... 76
7.4.1 加大信息化基础设施的建设力度 ... 76
7.4.2 加大农民文化教育力度 ... 76
7.4.3 促进农村物流配送的优化 ... 77
7.4.4 进一步完善国家相关法律政策 ... 77
7.5 农村电商的未来发展趋势 ... 77
7.5.1 从体验型农产品，到基础型农产品 ... 77
7.5.2 从个性化店铺，到品牌化卖家 ... 77
7.5.3 从县域产业升级，到区域经济崛起 ... 78
7.6 农村创业项目举例 ... 79

- 7.6.1 种植：新时代新农民 ·· 79
- 7.6.2 养殖：最重要的是坚持 ·· 81
- 7.6.3 农资：不赊才是王道 ·· 82
- 7.6.4 中间商：轮子一转，家财千万 ································ 82
- 7.6.5 加工：自己做老板 ·· 83
- 7.6.6 自助小火锅迎来第二春，关键是控制用餐时间 ········· 84
- 7.6.7 空调"二次污染"催生市场热门生意 ······················ 84
- 7.6.8 黑鹅毛漂白加工冷门中的大利益 ···························· 84
- 7.6.9 废旧玻璃回收市场商机巨大 ·································· 84
- 7.6.10 返鲜花生 ··· 85
- 7.6.11 广告道闸机带来新商机 ·· 85
- 7.6.12 农村连锁经营蕴藏巨大商机 ·································· 86
- 7.6.13 私房出租市场忒大 ··· 86
- 7.6.14 牧草业蕴含巨大商机 ·· 86
- 7.6.15 洗衣行业，稳中求胜 ·· 87
- 7.6.16 国学热催生千万元商机 ·· 87
- 7.6.17 汽车养护，潜力巨大 ·· 87
- 7.6.18 头发再造市场商机大 ·· 88
- 7.6.19 在线旅游市场新商机 低端市场也有蓝海 ··············· 88
- 7.6.20 风行饰品 ··· 88
- 7.6.21 异味=商机 他专找异味每年纯利润十几万 ············· 89
- 7.6.22 发泄网走俏，有利！ ·· 89
- 7.6.23 网上出租奢侈品，可行！ ···································· 89
- 7.6.24 白领爱网购"自热食品"，机会！ ······················· 89
- 7.6.25 奶酪店：投资不大，选址是赚钱命门 ····················· 90
- 7.6.26 婚庆行业 ··· 94
- 7.6.27 制作软陶 ··· 95

7.6.28	豆浆商机	95
7.6.29	宠物当"月老"	96
7.6.30	无糖食品店	96
7.6.31	"创业者超市"	97
7.6.32	"淘宝客"	97
7.6.33	喜庆用品店	98
7.6.34	聚会用品店	98
7.6.35	礼品包装铺	99
7.6.36	汽车美容店	99
7.6.37	精品零食店	100
7.6.38	民俗风情饰品店	100
7.6.39	宠物托养所	100
7.6.40	植物盆景店	101
7.6.41	风刻硬材店	101
7.6.42	代办国外旅行	102
7.6.43	新型室内溜冰场	102
7.6.44	极限运动俱乐部	102
7.6.45	大众餐饮成为新的创富商机	103
7.6.46	石头里的养生商机	103
7.6.47	鞋机行业迎来"黄金期"	103
7.6.48	政策倾斜防盗门企业，二三线市场商机大	103
7.6.49	非洲建材市场商机正旺	104
7.6.50	儿童户外市场呼之欲出	104
7.6.51	涂料行业转战农村市场，发掘新商机	105
7.6.52	数码维修	105
7.6.53	上门出租服务	105
7.6.54	开个手工绣品店	106

7.7　8个有争议的赚钱生意 ················· 106
　　7.7.1　有机蔬菜店持续盈利难 ············· 106
　　7.7.2　数码影印馆难做长 ··············· 106
　　7.7.3　×元服装店竞争过于激烈 ············ 107
　　7.7.4　名品化妆品折扣店市场鱼龙混杂 ········· 107
　　7.7.5　情侣创意生活馆有些过时了 ··········· 108
　　7.7.6　青少年白发治疗中心中小投资缺乏竞争力 ···· 108
　　7.7.7　咖啡书屋低门槛加盟，高难度经营 ········ 109
　　7.7.8　个人形象管理培训叫好不叫座 ·········· 109
附　互联网基础概念扫盲 ··················· 111
　　农村互联网常用名词及基础知识 ············· 111
参考文献 ························· 115

1 国家新农村政策解读

1.1 我国农村信息化现状

改革开放以来,随着计算机产业和信息技术的迅速发展,互联网时代全面来临。网络逐渐渗透到了人们生活的方方面面,对人们的生活产生了重大而深远的影响,特别是许多农村年轻人的消费观念以及购物观念发生了翻天覆地的巨大变化。随着李克强总理提出"互联网+"的发展思路,生产生活的各个方面都可以看见互联网的影子,传统的生产方式不再能够满足迅速发展的社会以及不断更新的人们的需求,无论是城市还是乡村,都因为互联网的出现发生了重要的改变。城市的网购习惯逐渐延伸到了农村,京东的"家电下乡",阿里的"农村淘宝"等电商形式,将乡村农民作为商业供应链的一环,向农村居民提供质优价廉的生活用品,同时也帮助农村居民将生产的农作物放在网络上出售,吸引了大批城市消费者的注意,极大拓宽了农村居民的产品销售渠道和销售数量。特别是党的十九大之后,我国提出了"互联网+"精准扶贫,希望能够利用互联网将农村经济发展带动起来,为农民的生产生活提供最新的信息咨询,帮助信息闭塞的地方了解外界市场的信息,从而提高农村经济发展的速度。

1.2 互联网对"三农"产业的影响

1.2.1 农业生产成本降低

农业信息对于农民来说是重要的影响因素,然而由于许多农村地区信息较为闭塞,农民缺少接触外界信息的渠道与机会,想要获取及时的信息需要为之付出巨大的成本,如国家最新的政策补贴信息、天气气候预测信息、市场需求变动信息、农产品相关技术更新信息等。而互联网时代的到来,则为农民朋友们带来了便捷廉价的信息传递方式,通过手机平台、电脑网络等,广大农民可以很方便地接触到外界信息,另外还有很多社会企业为农民提供免费的生产、生活、市场供求咨询,农民得以科学合理地安排种植生产时间。农民可以通过农村的网络驻点,利用免费透明的公共信息展示网页,了解各种作物种子的报价以及肥料的价格,寻找更具有优势的生产工具等。可以毫不夸张地说,互联网时代的到来,大大降低了农村农业生产的成本。

1.2.2 扩大农村农产品销售渠道,提高人均收入

互联网时代的到来,我国提出了"互联网+"精准扶贫的农村经济发展战略。互联网为农民的生产销售提供了更多可供选择的渠道。如电商集团将农村视为下一个经济暴发的热点区域,纷纷将发展的重心放在了农村地区,如著名的阿里巴巴平台,开展了农村淘宝策略,邀请各地农村农民在网络上开启运营自己的网店,或者由乡村的代理点统一打理,农民将种植的水果、干货等特产在网店上销售,提高了农民的销售收入,也减少了农产品积压的风险。同时,许多大学生看准了互联网对农村经济发展的重要促进作用,积极开发特色网页,代理当地的农产品,凭借专业知识帮助当地居民提高农副产品销售收入。

1.2.3 农村经济发展两极化差距增强

互联网是一把双刃剑，对于基础设施建设完整的农村而言，互联网是不可多得的发展机遇，通过当地政府努力投资建立电商渠道，能够帮农村将品牌打造出去，吸引全国各地的消费者前来消费。但是对于本身就贫困落后的农村来说，难以在此短时间内抓住发展机会，现有的资金以及人口实力无法支撑这些偏远的农村进行"互联网+"生产种植，缺乏有利的网络建设技术以及运营推广人才，农民难以将自己生产的东西销售出去，互联网不能够发挥最大的作用。

1.3 互联网时代下推进农村经济发展对策

1.3.1 利用互联网思维布局农业活动

随着信息技术的发展，农民需要利用互联网技术、大数据处理手段以及云计算工具等，对现有的整个农产品商业销售生态进行重新布局思考。互联网思维要求农村对整个农产品供应链的所有环节进行新的审视思考。对于农村来说，要想利用农产品来取得经济的发展与增长，就需要改变传统的种植以及销售模式。传统的农业生产模式以个体农户或者合作社为单位，将农产品出售给当地市场或是超市、工厂、学校，往往等着客户上门收购，失去了主动权。互联网时代，出现了各种农业发展方式，如农家乐果园形式，通过网络作为广告媒介，吸引人们前来消费购物；与生鲜电商合作，为电商提供高质量的农产品，迎合全国各地不同消费者的需求。

1.3.2 增加农村销售渠道

对于传统农户来说，想要提高农产品销售收入，就需要提高农产品附加值以及降低农产品的生产成本。随着社会消费水平的普遍提高，城市居民对于原生态绿色健康食品的需求越来越大。电子商务的出现逐渐改变着农村农民传统的生产观念。政府可以加强对绿色农产品、原生态农场经营的投资补助，帮助当地农村打造特色的绿色化生产方式，例如，有条件的地区，可以以农家乐的形式吸引城市居民前来度假消费，带动农村经济发展。除此之外，互联网也能够为农民提供更多可选择的销售渠道，通过网络了解每个收购商的意愿价格以及市场需求量，农民能够掌握经济主动权。

1.3.3　政府引领投资，推动农村经济发展

面对飞速发展的互联网环境，政府需要抓住先机。积极为农村引入电商投入支持补贴，让消费带动农村经济的发展，利用互联网实现扶贫增收的目的，让传统的农业发挥出不一样的效果。某些地区的农村电商发展迅速，但是却没能为村民提供切实有保障的制度，政府应当通过深入基层调研，积极了解农民生活现状，从而为农村制定和完善发展制度，规划专项电商发展资金，对当地优秀的互联网农业企业进行大力的投资支持，引领农村经济发展新动向。

面对信息技术的飞速发展，许多农村地区也逐步采取了"互联网+"的发展策略。互联网对传统的农村农业种植以及农业销售方式产生了重要的影响，通过互联网能够为农民带来更多的市场信息以及技术知识，拓宽农产品销售渠道，促进农村经济发展。

据测算，2015年我国农业信息化率达到37%，比"十一五"末提高17个百分点，超额完成"十二五"35%的预期目标。在信息化的快速发展中，"互联网+"把互联网的创新成果与农业发展深度融合，推动了物联网在生产上的应用，促进了线上线下农业与经营的融合，提升了大数据在农业管理中的作用。"互联网+"现代农业正成为现阶段解决"三农"问题的重要手段，实现农业大国向农业强国迈进的重要途径。

1.3.4　农业物联网与农业生产

物联网是一个基于互联网、传统电信网和传感网等信息承载体，

能够让所有物理对象通过信息传感设备与互联网连接起来，进行计算、处理和知识挖掘，实现智能化识别、控制、管理和决策的智能化网络。物联网本质上是通信网、互联网、传感技术和移动互联网等新一代信息技术的交叉融合和综合应用。互联网技术的创新促进了农业物联网的快速发展。农业物联网是物联网技术在农业领域的应用，是通过应用各类传感器设备和感知技术，采集农业生产、农产品流通以及农作物本体的相关信息，通过无线传感器网络、移动通信无线网和互联网进行信息传输，将获取的海量农业信息进行数据清洗、加工、融合、处理，最后通过智能化操作终端，实现农业产前、产中、产后的过程监控、科学决策和实时服务。国内外农业物联网技术应用的实践证明，农业物联网是改变农业、农民、农村的新力量，将会对我国农业现代化产生重大而深远的影响。近年来，我国高度重视农业物联网建设与应用，我国农业物联网实践应用已经取得初步成效，特别是在大田种植、设施园艺、畜牧养殖、水产养殖等方面已经发挥重要作用。

1.3.5 物联网在大田中的应用

目前，我国已经发展了多项大田种植类农业物联网应用模式，囊括水稻、小麦、玉米、棉花、果树、菌类等作物种类，研发形成的一系列应用技术包括农田信息快速获取技术、田间变量施肥技术、精准灌溉技术、精准管理远程诊断技术、作物生长监控与产量预测技术、智能装备技术等，形成的应用模式包括智能灌溉、土壤墒情监测、病虫害防控等单领域物联网系统，也包括涵盖育苗、种植、采收、仓储等全过程的复合物联网系统。通过应用这些物联网模式，可以实现对气象、水、土壤、作物长势等的自动感知、监测、预警、分析，实现智能育秧、精量播种、精量施肥、精准灌溉、精量喷药、精准作业、精准病虫害防治，从而有效降低成本，大幅提高收益。

1.3.6 物联网在设施园艺中的应用

设施园艺是一种集约化程度较高的现代农业,由环境设施和技术设施相配套,具有高投入、高技术含量、高品质、高产量、高效益等特点,是最有活力的农业新产业。随着物联网在设施园艺中的温室环境监控、作物生理监测、水肥一体化管理、病虫害精确防治、自动供暖、自动卷帘、自动通风、工厂化生产等方面的技术水平不断提升,设施园艺类农业物联网应用和推广效益明显。

1.3.7 物联网在畜牧养殖中的应用

畜禽养殖物联网主要用于解决猪、牛、禽类养殖过程中的标准化环境监控和自动饲喂、粪便自动处理、养殖孵化、犊牛精准饲喂、分级包装、冷链配送等畜禽养殖业中的问题,把动物的饲养管理、疫病预防检疫、屠宰加工、商业流通等情况实时录入管理系统等物联网技术,不仅实现了养殖业主对生产管理状态进行网络远程了解、下达生产指令等,政府监管部门也可以在网上实时监管、查询养殖场疫病预防、出栏补栏、检疫报检、屠宰流通等环节的情况,实现全程无缝监控和数据监测。

某企业应用物联网养殖技术,在现存栏 800 余头奶牛的养殖场先后采用了奶牛发情监测系统、奶牛生产性能测定与现代化牧场管理信息系统(软件)等技术,取得了良好的效果。奶牛发情监测系统主要由颈圈、牛号阅读器和控制终端等部分组成。颈圈包括加速传感器、微处理器和存储器,可以记录奶牛活动的各种指数(如行走、奔跑、卧倒、站立、反刍等),通过大量奶牛行为数据可以监测到奶牛发情、生病等情况,为确定最佳授精时间提供参数。通过物联网技术的优化管理,养殖场降低了生产成本,提高了产奶量和鲜奶质量。

1.3.8 物联网在水产养殖中的应用

水产养殖物联网主要应用在水质智能化监测及管理、苗种培育、远程自动投喂以及疫病预警健康管理等方面，对水产养殖业健康、有效和可持续发展起到了重要作用。目前，天津、江苏宜兴等地区建立水产物联网示范区，通过物联网技术在水产养殖的应用，实现对水产品养殖的全过程监控和智能化管理，社会经济效益明显。

1.3.9 线上线下融合与农业经营

现代农业是"线上农业"与"线下农业"的集合体。线上农业是指移动互联网等新一代信息技术与农业生产、流通、市场、消费深度融合的农业发展新形态。线下农业是指应用自然生产要素进行农业生产与经营活动的传统产业形态。现代信息技术发展催生线上农业，线上农业牵引线下农业，线上线下农业协同融合，正在不断推动农业经营创新，引领农业生产变革，助推现代农业发展。

1.4 信息化深化发展催生线上线下农业

互联网的诞生与应用是人类历史上一次最伟大的技术革命，改变了人类生产与生活方式。20世纪以来，以信息科学理论突破与通信技术创新为标志的科学技术进步突飞猛进。20世纪40年代，信息论之父香农发表了著名的"通信的数学理论"，提出信息可度量的最小单位，给出了信息熵的定义。40年代中期，世界上第一台电子计算机在美国费城诞生。50年代初，第一个计算机网络在美国国防部实验室出现。其后，将一个个计算机终端联接在一起的各种计算机技术、网络技术突飞猛进，移动终端、智能设施、海量存储、高性能计算、专用系统如排山倒海之势层出不穷，形成了将人们日常生活与生产活动中无论天南海北、无论参差错落、无论前世今生的事情都能一瞬间相连的"互联网"，大大改变了人类生存与活动方式。

线上线下农业的分化与发展成为互联网时代的必然趋势。现代信息技术正式应用于农业，起步于20世纪50年代，美国农业部Fred Waught博士1952年首次将计算机技术应用到饲料混合配方研究之中。中国尽管晚于美国近30年才将计算机技术应用于农业,但起步晚跑得快。从80年代近千台计算机用于资源管理、农业规划、分析决策,到90年代信息管理系统、农业数据库、农业遥感应用于决策支持、农业专家系统,再到21世纪信息技术应用于整个农业,互联网思维已经深深地影响了农业的变革,"互联网+"已经切实改变着农业生产、经营、消费、贸易各个方面、各个环节。"互联网+"将带动农业生产方式变革,带动农产品消费方式的创新,它会全面感知农业整体生命周期中的生产、经营、管理、物流、服务等各方面的状况。它会改变传统农业的信息缺失,形成独有的线下农业资源应用与组织生产方式。它会引导新兴农业方向,规避实体风险,形成为实体农业导航并与之匹配的线上农业活动新形态,呈现出新阶段"线上农业"和"线下农业"相结合的现代农业发展模式。

近年来,在"互联网+"的引领下线上线下农业与农业生产经营的融合不断加速。

一是信息进村入户启动实施,"三农"信息高速公路初步搭建。2014年农业部开始开展信息进村入户试点工作,到2016年试点范围扩大至26个省116个县,已建成运营2.4万个益农信息社,累计为农民和新型农业经营主体提供公益服务630万人次,开展便民服务1.1亿人次,涉及金额39亿元,实现电子商务交易额21亿元。信息进村入户领导体制和工作机制基本建立,市场化运营机制初步形成,信息进村入户工程的实施为"互联网+"现代农业发展在基层提供了新的人流、物流、信息流和资金流的集散地。

二是电子商务快速发展,线上线下产业融合不断加速。在共享经济的推动下,农业生产资料、休闲农业及民宿旅游电子商务平台和模式不断涌现,到2015年农产品网络零售交易额超过1 500亿元。2016年北京、河北、吉林等10个省(区、市)进一步开展了农业电子商务的试点,推动12家电商企业与10省份签订共同推进农业电子商务试点工作协议,在这些措施的推动下,我国电子商务正在形成跨区域电商平台与本地电商平台共同发展、东中西部竞相迸发、农产品进城与工业品下乡双向互动的发展格局,电子商务的发展为解决"三农"问题提供了新途径。

三是线上线下的实践互动,正在加速推动农业品牌化经营。我国农产品不是缺少供给,而是缺少有效、高端、品质供给,线上线下的实践互动恰恰给农业品牌提升提供了巨大舞台。2016年全国"互联网+"现代农业工作会议上3 000人共襄"互联网+"现代农业大会,数百家企事业单位展示新技术、新产品、新模式,在第十四届中国国际农产品交易会上,20位省部长登台推介农产品品牌,通过线上线下的互动,将创新者与应用者、生产者与消费者、实体店与虚拟网联系在一起,品牌化的成果得以充分展示,为推动了农业转型升级、提质增效发挥了重要作用。

线上线下农业融合催生了一大批新业态。线上线下的融合拓宽了农产品、民俗产品、乡村旅游等市场,催生了农产品深加工、电子商务、创意休闲农业、互联网小镇等新业态,加快了一、二、三产业的融合发展;线上线下融合培育了一批新人才。农业部通过农民手机应用技能培训工作,到2016年累计培训农民6.9万人次,农民信息化运用能力的提高,必将有助于城乡数字鸿沟的缩小;返乡创业人才正在成为农业的新生力量,近五年来返乡创业人数增幅均保持在两位数左右,目前农民工返乡创业人数累计已超过450万,"十二五"期末大学毕业生下乡创业比例达1%。2016年农业部评选出"互联网+"现代农业百佳实践案例107个和新农民创业创新百佳成果103项,"双百"成果的出现,正是得益于这群新农人的出现,他们具有互联网的思维、受到了工业化的训练,懂得现代信息技术、能够触网营销,未来将对线上线下农业的发展发挥重要作用。线上线下融合形成了一批新模式。线上线下融合,推动了电子商务诸多商业模式的创新。目前电子商务已经从初期的网上营销为主的商务模式,发展到现在的基于合作社的、基于商业机构的、基于政府平台的多种农业电子商务模式并行的态势,与此同时,还催生了生态农业、乡村旅游、民俗民宿、绿色体验等多种新型线下商业模式。2015年全国休闲农业和乡村旅游接待游客超过 22 亿人次，营业收入超过 4 400 亿元，从业人员 790 万人，其中农民从业人员 630 万人，带动 550 万户农民受益。信息进村入户工作也在各地开花结果，辽宁采用"羊毛出在牛身上"的思路，充分运用市场力量，通过"培育一个运营主体，建设万家益农信息社"运营模式的创新，完善了农业信息服务体系，促进了农业农产与互联网的融合。

1.5 大数据与农业管理

大数据是以容量大、类型多、存取速度快、应用价值高为主要特征的数据集合，正快速发展为对数量巨大、来源分散、格式多样的数据进行采集、存储和关联分析，从中发现新知识、创造新价值、提升新能力的新一代信息技术和服务业态。大数据是继矿产资源和能源之后，又一重要国家基础性战略资源，正在日益对全球生产、流通、分配、消费活动以及经济运行机制、社会生活方式和国家治理能力产生重要影响。

农业大数据是大数据理念、技术和方法在农业中的实践。农业大数据是融合了农业地域性、季节性、多样性、周期性等自身特征后产生的来源广泛、类型多样、结构复杂、具有潜在价值，并难以应用通常方法处理和分析的数据集合。它保留了大数据本身的基本特征，并使农业内部的信息流得到延伸和深化。大数据技术体系包括大数据的采集与预处理技术、大数据存储与管理技术、大数据计算模式与系统、大数据分析与挖掘技术、大数据可视化分析技术及大数据安全技术等。目前，农业大数据技术主要集中在农业环境与资源、农业生产、农业市场和农业管理等领域。建立"用数据说话、用数据决策、用数据管理、用数据创新"的管理机制，实现基于数据的科学决策，正在日益成为转变农业监测预警工作模式、提升农业管理方式以及促进农业电子政务管理模式的重要技术推动力量。

1.5.1 大数据提升农业监测预警能力

农业信息监测预警是基于信息流特征,对农产品生产、市场流通、进出口贸易等环节进行全产业链的数据采集、信息分析、预测预警与信息发布的全过程活动;也是集农业信息获取技术、信息处理技术、信息服务技术于一体,对未来农业运行安全态势做出判断,并提前发布预警,为政策制定部门和生产经营管理者提供决策参考,有效管理农业生产和市场流通,从而实现产销对接、引导农业有序生产和稳定农产品市场的有效手段。开展农业信息监测预警,是欧美等发达国家一贯的做法。

我国农业信息监测预警体系建设从 2002 年开始逐渐步入专业化发展轨道。农业部率先建立的农产品市场监测预警系统经过这几年的探索与发展,基本实现了对主要农产品市场供求、价格走势等重要信息的动态实时监测。伴随着我国农业信息化的不断深入和发展,在农业大数据的推动下,数据驱动决策的工作机制正在悄然形成。我国相关部门也建立了一些大型的农业信息监测预警系统,不断为我国农业信息监测预警体系建设和完善积蓄力量。如国家粮食局的粮食宏观调控监测预警系统,商务部的生猪、重要生产资料和重要商品预测预警系统以及新华社的全国农副产品农资价格行情系统等,在实际工作中均得到较好的运用。在科研院所农业信息监测预警系统体系建设中,由中国农业科学院农业信息研究所开发的中国农产品监测预警系统(China Agriculture Monitoring and Early-warning System, CAMES)涵盖 11 大类 953 种农产品,应用经济学、农学、气象学及计算机等多学科知识,实现了生物学机理和经济学机制的融合,成为我国农业信息监测预警体系建设的一项重要进展。

农业信息发布是引导市场预期和生产的专业化活动,需要靠专业化建设提高质量,靠专业化建设增强特色,靠专业化建设树立权威,靠专业化建设增强话语权。农业部作为我国农业信息发布的重要部门之一,正在成为我国引导农产品市场预期的重要风向标。开展农业展望,加强农业信息监测预警,是我国农业适应国际化、信息化、市场化发展的现实之需,也是我国现代农业管理制度的创新之举。2014年我国召开了第一届中国农业展望大会,发布了《中国农业展望报告(2014—2023)》,开启了提前发布市场信号、有效引导市场、主动应对国际变化的新篇章。截至 2016 年年底中国已经成功召开 3 届农业展望大会,在国际国内引起良好反响,展望大会的召开及其发布的成果均得到来自 FAO 和 OECD 等组织有关专家的高度评价,提升了我国在国际上的话语权和影响力。

1.5.2 大数据提升农业管理效率

大数据的作用不仅仅在于更好发现自身价值,还在于帮助其他要素更好认识自身,发挥要素耦合作用,提升他物价值,促进"价值双增"。大数据正在成为新时期高效管理农业,提升农业管理效率,破解我国资源环境瓶颈的重要抓手。

在政府层面,吉林省农委依靠信息化服务手段来提高测土配方施肥技术服务水平。基于 10 年的测土配方施肥大数据开发了测土配方施肥手机服务系统,种植户通过拨打 12582 电话,说明种植意向及产量水平,测土配方施肥指导意见就会以短信的形式发到农民手机中,实现对农民的施肥指导,提高了农户肥料利用效率。2013 年 3 月初,系统正式运行,开始为伊通县农民提供技术咨询服务。仅 4 月份一个月内就有 13 000 多农民打电话接受服务,高峰时每天 600~700 位农民应用该技术。目前伊通县已经有 2 万多农户应用了此服务,极大地方便了农民选肥、配肥、购肥。

在科学研究层面,为了探究蔬菜基因组大数据背后所代表的生命信息,中国农科院蔬菜所团队将基因组等大数据应用到植物次生代谢研究之中,通过分析蔬菜几万个基因的变异和表达特征,最终揭示了葫芦科作物苦味形状的进化特征和黄瓜苦味的形成机理,成为我国科研领域利用大数据改良蔬菜品质的成功实践之一。

在企业层面,有的电商企业利用大数据保障食品溯源,针对不同类型农产品的成长特点，通过二维码来承载产品名、产品特征、产地、种植人、生长周期、生长期施肥量、农药用量、采摘上市日期等不同的溯源信息。有的农业产业化龙头企业利用养殖业大数据改善养殖产业生态圈，通过猪管理系统、猪金融、猪数据、猪交易等模块帮助养殖户搭建生成管理系统，积累起大量的、全国范围的猪数据，可以为养殖户提供数据资产，提高养殖效率，并且通过积累养殖户数据，建立起征信系统，为养殖户进行融资服务。

此外，中国利用大数据开展食品安全监管的力度不断加强，2015年6月国务院办公厅新出台了《国务院办公厅关于运用大数据加强对市场主体服务和监管的若干意见》（国办发〔2015〕51号），明确提出建立产品信息溯源制度，对食品、农产品等关系人民群众生命财产安全的重要产品加强监督管理，利用物联网、射频识别等信息技术，建立产品质量追溯体系，形成来源可查、去向可追、责任可究的信息链条，方便监管部门监管和社会公众查询。

1.6　农业生产将发生智能化变革

农业物联网的广泛深层次应用，能够促进农业生产方式向高产、高效、低耗、优质、生态和安全的方向转变。现代农业的需求和当代社会的发展决定了我国农业物联网的发展将呈现出以下趋势。

（1）低成本、小型化与移动性感知设备成为农业物联网应用的关键。目前，农业中应用的传感器件，大多成本高、耐用性差、使用频率短，未来随着传感器技术的发展，低成本、普惠性的微型传感器将决定农业物联网产品在多大范围内普及应用。

（2）智能化数据处理成为农业物联网发展的前沿。物联网的核心是对数据的处理和分析，并最终用来辅助人类的决策行为。而数据的分析处理涉及人工智能、概率论、统计学、机器学习、数据挖掘以及多种相关学科的综合应用以及计算机建模与实现，是当代信息技术的核心与前沿，是"智能化"的源泉和动力，只有实现了智能的数据处理,农业物联网才能真正地展现出其巨大优势。

(3)与时间和空间要素的结合成为农业物联网扩展应用的重点。时间和空间特征是农业系统的固有属性,离开了时间和空间要素,农业数据和信息的处理就会发生偏差和谬误。未来农业物联网应用系统必将实现与时空信息的集成与融合,实现灵活的时空信息环境下的数据分析与处理,提高农业决策的精确程度。

(4)统一的应用标准体系将成为农业物联网的基础。相关工作标准、管理标准和技术标准的缺乏,已成为影响农业物联网发展的首要问题和制约物联网在现代农业领域发展的重要因素。

1.7 农业经营将迈入"双线"牵引新时代

在"互联网+"现代农业的推动下,我国农业线上线下、产业内外融合将加快,将进入线上牵引与线下驱动的"双线"牵引新时代。线下农业是线上农业繁荣发展的源头活水,是现代农业的"根",线上农业是线下农业的探照灯和听诊器,今后我们在"互联网+"现代农业的背景下,要始终坚持线上线下互动、虚拟与实体融合、传统与现代结合、结构与功能搭配、产品与产业衔接、属性与形态统一,"两手同时抓、两手都要硬",正确处理好线上与线下在农业发展中的关系。

要加快线上线下农业信息化基础工程建设。进一步加快推进"宽带中国"战略在农村地区的深入实施,尤其要加快老少边穷地区的信息基础设施建设步伐,实现村村通网络。深入推进信息进村入户工程,加快益农信息社建设进度,建立全国信息进村入户平台,力争2020年建成60万个行政村联通的农业信息高速公路。实施农产品冷链物流渠道下延战略,整合农村物流资源,建设改造农村物流公共服务中心和村级网点,健全县、乡、村三级农村物流服务网络。通过聚集线上线下各种资源,产前、产中、产后的有机连接,数量、时间、空间维度的均衡对接,实现产业链、供应链、服务链、价值链"四链融合"和农业量、值、质的迭代倍增。

1.8 农业大数据治理将深入推进

农业大数据工作将不断向深度和广度延伸。随着信息化和农业现代化深入推进，农业农村大数据正在与农业产业全面深度融合，逐渐成为农业生产的定位仪、农业市场的导航灯和农业管理的指挥棒，日益成为智慧农业的神经系统和推进农业现代化的核心关键要素。农业大数据的发展正在对传统的数据处理技术体系提出挑战，需要我们在数据采集、数据标准、数据处理、数据分析、数据展现等方面做全新的技术升级。国家农业数据中心建设将不断加强、农业大数据共享开放将逐渐推进、数据标准建设亟须完善、数据安全管理也将面临巨大挑战。

农业大数据正在推动农业监测预警工作的思维方式和工作模式的转变。未来随着我国农业信息化的不断深入和发展，农业大数据推动农业信息监测预警的分析对象和研究内容更加细化、数据获取技术更加便捷、信息处理技术更加智能、信息表达和服务技术更加精准。伴随大数据技术在农业监测预警领域的广泛应用，构建农业基准数据库、开展农产品信息实时化采集技术研究、构建复杂智能模型分析系统、建立可视化的预警服务平台等将成为未来农产品监测预警发展的重要趋势。

1.9 党的十九大时光，"三农"新希望

为全面贯彻落实党中央、国务院关于"三农"工作的各项决策部署，进一步做好"十三五"时期的农村经济工作，近日国家发展改革委印发了《全国农村经济发展"十三五"规划》（以下简称《规划》）。

《规划》强调，"十三五"时期要牢固树立并贯彻落实创新、协

调、绿色、开放、共享发展理念，紧紧围绕做强农业、富裕农民、繁荣农村，以农业供给侧结构性改革为主线，持续夯实现代农业基础，转变农业发展方式，推进农村产业融合，构建现代农业产业体系、生产体系和经营体系，推动城乡协调发展，建设美丽宜居乡村，加强山水林田湖保护和修复，提高生态安全保障能力，实现农业农村现代化与工业化、信息化、城镇化同步推进，为全面建成小康社会奠定坚实基础。

《规划》提出，到2020年，我国的农产品供给保障体系要更加健全有效，农村经济发展更加繁荣协调，农民生活水平和质量普遍提高，生态环境质量总体改善，农村经济体制更加成熟定型。要加快构建现代农业生产体系，强化现代农业发展的物质装备和技术支撑，提高土地产出率、资源利用率和农业劳动生产率，实现藏粮于地、藏粮于技，巩固和提升农业综合生产能力。要加快构建现代农业产业体系，推动粮经饲统筹、农林牧渔结合、种养加一体发展，促进农业资源永续利用，走产出高效、产品安全、资源节约、环境友好的农业现代化道路。要深度挖掘农业多种功能，培育壮大农村新产业、新业态、新模式，推动一、二、三产业融合发展，加快构建现代农业经营体系，促进农民创业就业，深入开展精准扶贫。要强化规划引领，完善农村基础设施，提升农村基本公共服务水平，改善农村人居环境，加快形成政府主导、多元参与、城乡一体的基础设施和基本公共服务体系。要发挥生态系统自我修复能力，加强重点区域山水林田湖综合治理，构建生态安全屏障。要深化农村集体产权、农业支持保护制度和农村金融等改革。

《规划》突出加强了重大工程、重大改革、重大政策方面的谋划。在重大工程方面，设置了农业现代化、农业可持续发展、农民增收、美丽宜居乡村建设、生态系统保护与修复重大工程专栏，从科技创新、物质装备、结构调整、基础设施、民生改善、生态环境等方面提出了33个重大工程和项目。在重大改革方面，围绕完善和巩固农村基本经济制度、破除城乡二元结构体制障碍，提出了深化农村集体产权、农业支持保护制度、农村金融等改革任务举措。在重大政策方面，更加注重政府和市场作用的互补配合。发挥政府在夯实农业物质技术装备基础、建设美丽乡村、改善农村民生方面的投入保障作用。同时，推进政府与社会资本合作，创新农业农村投融资机制，采取政府购买服务、担保贴息、以奖代补、民办公助、风险补偿等措施，发挥财政资金的引导和杠杆作用，引导金融和社会资本投向农业农村，并加大专项建设基金对"三农"重点项目和工程的支持力度。

2018年1月28日，中央农村工作会议在北京召开，会议围绕党的十九大报告提出的实施乡村振兴战略，全面分析"三农"工作面临的形势和任务，研究实施乡村振兴战略的重要政策并进行部署。综合比较党的十八大以来的中央农村工作会议，这次会议具有五个新特征，为新时代乡村振兴掌舵，谱写新时代乡村振兴新篇章。

思想性，为新时代乡村振兴提供指南

此次中央农村工作会议，对习近平总书记一系列"三农"重要论述、一系列新理念新思想新战略进行了高度评价：这些新理念新思想新战略是我们党"三农"理论创新的最新成果，是习近平新时代中国特色社会主义思想的重要组成部分，是指导过去5年我国农业农村发展取得历史性成就、发生历史性变革的科学理论，也是实施乡村振兴战略、做好新时代"三农"工作的行动指南。党的十九大报告确立了习近平新时代中国特色社会主义思想并写进党章，此次中央农村工作会议对习近平总书记"三农"理论创新成果贡献、历史地位和现实意义进行了科学定位，为新时代乡村振兴提供指南，是我们实现新时代乡村振兴战略强大思想武器。

创新性，为新时代乡村振兴增添动能

认真学习和体会这次中央农村工作会议，会发现有多个首次：首次提出习近平总书记就做好"三农"工作作出的一系列重要论述，是习近平新时代中国特色社会主义思想的重要组成部分；首次系统总结和评价党的十八大以来五年"三农"成就；首次提出走中国特色社会主义乡村振兴道路，让农业成为有奔头的产业，让农民成为有吸引力的职业，让农村成为安居乐业的美丽家园；首次提出把公共基础设施建设的重点放在农村，推动农村基础设施建设提档升级；首次提出实施乡村振兴战略，必须大力推进体制机制创新，强化乡村振兴制度性供给。这些具有创新性思想或目标任务的提出，体现了通过理论创新、机制创新、体制创新和科技创新等系列创新促进乡村振兴的谋略，为新时代乡村振兴增添新动能，能促进尽早实现乡村振兴伟大目标，为实现中华民族伟大复兴的中国梦贡献新的智慧和力量。

战略性，为新时代乡村振兴描绘蓝图

此次中央农村工作会议同以往最大不同之处是提出了乡村振兴战略目标和任务：到2020年，乡村振兴取得重要进展，制度框架和政策体系基本形成；到2035年，乡村振兴取得决定性进展，农业农村现代化基本实现；到2050年，乡村全面振兴，农业强、农村美、农民富全面实现。这种安排和党的十九大提出的决胜全面建成小康社会、分两个阶段实现第二个百年奋斗目标的战略安排是相辅相成的，是"三农"工作落实党的十九大精神的具体设计，明确了新时代乡村振兴不同阶段的目标，为新时代乡村振兴描绘了蓝图。对"三农"工作的未来有相对清晰的影像，更能激发新时代乡村振兴的信心和动能，有利于凝聚全党全国各族人民的向心力，向着乡村振兴目标逐步迈进。

总结性，为新时代乡村振兴增加自信

对2017年"三农"工作进行系统总结，是中央农村工作会议的惯例，但此次却打破了惯例，对党的十八大以来五年的"三农"工作进行系统的总结：党的十八大以来，以习近平同志为核心的党中央坚持把解决好"三农"问题作为全党工作重中之重，贯彻新发展理念，勇于推动"三农"工作理论创新、实践创新、制度创新，农业农村发展取得了历史性成就、发生了历史性变革，为党和国家事业全面开创新局面提供了有力支撑。两个"历史性"和一个"有力支撑"

的总结评价，充分肯定了党的十八大以来"三农"辉煌成就，既盘点乡村振兴的基础条件，又总结党的"三农"工作经验，避免未来少走弯路，更为新时代乡村振兴增添自信，有利于阔步谱写新时代乡村振兴新篇章。

继承性，为新时代乡村振兴持续加温

中央农村工作会议部署的任务，来源于"三农"的实际需求和设定的"三农"目标；过去一直在解决而未完全解决的矛盾是新的一年需要加大力度解决的问题之一，结合"三农"新形势提出新的奋斗目标和任务，具有强烈的持续性和继承性。笔者认为，实施乡村振兴战略，是"三农"工作的升级版，推动农业全面升级、农村全面进步、农民全面发展，为乡村美好持续加温。

我们必须清楚地认识到，乡村振兴是一个长期的历史性伟业，不是一朝一夕就能实现的，需要久久为功，我们既要充满信心不断地向目标迈进，同时也要认真面对乡村振兴过程中的复杂性和困难，尊重农民主体地位和意愿，做好顶层设计，将质量和绿色放在重要位置，因地制宜不搞"一刀切"，不刮风搞运动，一步一个脚印踏踏实实地建设，将乡村建设成人人向往的美丽家园。

1.10 国家兴农惠民政策解读

党的十八大报告对推动城乡发展一体化作出了重要部署，明确指出要加快发展现代农业，着力促进农民增收，坚持和完善农村基本经营制度，加快完善城乡发展一体化体制机制。党的十八大报告中关于农业的论述总共是八句话，每一句话都有深刻的含义。

（1）解决好农业农村农民问题是全党工作重中之重，城乡发展一体化是解决"三农"问题的根本途径。

党的十八大报告首次提出"城乡发展一体化是解决'"三农"'问题的根本途径"，充分体现了新时期党中央对"三农"问题的高度重视，也深刻表明党中央对解决"三农"问题的思路更加清晰、方向更加明确、措施更加具体,为从根本上解决"三农"问题进一步指明了方向,描绘了"三农"发展的新前景。全国农民人均纯收入由2003年的2 622元增加到2011年的6 977元。农民人均纯收入的快速持续增长,坚持以工促农、工业反哺农业,确保农民持续大幅增收,体现了党和国家、自治区、地区对"三农"工作的支持和重视,证明了城乡发展一体化是解决好"三农"问题的根本途径。

(2) 要加大统筹城乡发展力度,增强农村发展活力,逐步缩小城乡差距,促进城乡共同繁荣。

根据党的十八大报告精神,今后几年,国家将制定更多的有利于农村发展的好政策,为农村的发展增强后劲。近年来,随着产业化、工业化、城市化的逐步推进,城乡各项改革逐步深入,对外开放程度逐步提高,城乡交流合作日益加强。今后的重点工作就是统筹资金投入、统筹城乡建设规划、统筹城乡基础设施建设和社会事业发展、统筹城乡劳动就业、统筹城乡社会保障体系、统筹城乡文明。

(3) 坚持工业反哺农业、城市支持农村和多予少取放活方针,加大强农惠农富农政策力度,让广大农民平等参与现代化进程、共同分享现代化成果。

今后,国家将把更多城市资源向农村调配,通过城市来带动农村发展。

(4) 加快发展现代农业,增强农业综合生产能力,确保国家粮食安全和重要农产品有效供给。

现代农业定义是应用现代科学技术、现代工业提供的生产资料和科学管理方法的社会化农业。简明的意思就是用科学的方法大规模地进行生产用于出售农产品的农业。农牧业现代化是推进城乡一体化建设的首要问题。

完善社会化服务体系,提高信息化、农民组织化和农业产业化程度。

(5) 坚持把国家基础设施建设和社会事业发展重点放在农村,深入推进新农村建设和扶贫开发,全面改善农村生产生活条件。着力促进农民增收,保持农民收入持续较快增长。

逐步建立财政支农资金稳步增长机制。逐步提高财政支农投入占财政总支出的比重,财政支农投入的增量要随着当年财政收入的增长比例增加,建设用地税费提高后新增收入主要用于"三农",优先保证失地农民的培训、就业、居住、社会保障,投入比例不低于新增建设用地收入的90%。

(6)坚持和完善农村基本经营制度,依法维护农民土地承包经营权、宅基地使用权、集体收益分配权,壮大集体经济实力,发展多种形式规模经营,构建集约化、专业化、组织化、社会化相结合的新型农业经营体系。

进一步规范土地承包合同的管理,全面落实土地承包合同的签订和发放。在不改变家庭承包经营的前提下,自愿选择、自主兴办、自我受益建立农民专业合作社和各类专业协会。全面落实中央集体林权制度和改革政策,从实际出发,先行做好试点工作,维护林果承包者享有所有权、使用权、处置权和收益权。

(7)改革征地制度,提高农民在土地增值收益中的分配比例。

报告提出要改革征地制度,其核心是将合理解决被征地农民的生产、生活问题,使农民和城镇居民享有同等的社会保障。以土地市场价值为依据,实行公平补偿,做到先保后征,规范土地征用管理,不断加强对失地农民的管理,建立健全失地农民保险预警预测制度,实行失地农民最低生活保障,在贷款、税收、场地等方面对自谋职业和自主创业的失地农民提供优惠政策。切实解决土地被征占农民的就业、住房、生活保障和养老问题。

(8)加快完善城乡发展一体化体制机制,着力在城乡规划、基础设施、公共服务等方面推进一体化,促进城乡要素平等交换和公共资源均衡配置,形成以工促农、以城带乡、工农互惠、城乡一体的新型工农、城乡关系。

基础设施、公共服务是推进城乡一体化过程中必须解决的基础问题。我们要突出抓好对农村饮水、电力、道路、交通、通信、垃圾处理设施等方面的建设投入，增强基础设施的承载能力，实现城乡共建、城乡联网、城乡共用，逐步实现与城市社会保障制度的接轨，确保农民老有所养，病有所医。

众所周知，农村、农业、农民问题历来受到党和国家的高度重视。党的十八大报告中，就着力强调了城乡发展一体化。党的十八大之后的历年中央农村工作会议中，习近平总书记多次做出重要指示，他曾经强调，"十三五"时期，必须坚持把解决好"三农"问题作为全党工作重中之重。在党的十九大报告中，又提出了"乡村振兴战略"。从城乡发展一体化到乡村振兴战略，它有何创新之处？意义何在？又如何推进实施这一战略？

1.10.1 乡村振兴战略的出处

"乡村振兴战略"这个概念，首先出现在党的十九大报告中的第四块，即"决胜全面建成小康社会，开启全面建设社会主义现代化国家新征程"这一部分，将乡村振兴战略与实施科教兴国战略、人才强国战略、创新驱动发展战略、区域协调发展战略、可持续发展战略、军民融合发展战略并列表述，作为统筹推进经济建设、政治建设、文化建设、社会建设、生态文明建设这"五位一体"的基本途径。接着在第五部分"贯彻新发展理念，建设现代化经济体系"中的第三小块，将"实施乡村振兴战略"作为单独一块进行表述。

1.10.2 乡村振兴战略的意义

乡村振兴战略的意义也可以理解为为什么要提出"乡村振兴"，而且还要把它上升为"战略"高度呢？

党的十九大以来，党中央坚持把解决好"三农"问题作为全党工作重中之重，统筹推进工农城乡协调发展，出台了一系列强农惠农政策，实现了农业连年丰收、农民收入持续提高、农村社会和谐稳定。比如我们县，这几年大力开展美丽乡村建设，社会主义新农村建设呈现了新面貌，农民生活质量显著提高，为经济社会发展全局提供了基础支撑。

但是，我们仍然要清醒地看到，当前，我国最大的发展不平衡，是城乡发展不平衡；最大的发展不充分，是农村发展不充分。我是从农村出来的，在座的经常去农村的人也可能会感受到：空心村、"386199部队"（妇女、儿童、老人）等现象在农村普遍存在，大量农村的人、财、物都单向地流向了城市，而从城市向乡村的流动，除了国家的财政投入、数量极少的返乡创业外，其他就非常少。这些也导致了农业发展质量效益竞争力不高，农民增收后劲不足，农村自我发展能力弱，城乡差距依然较大。

在这样一个背景下，党中央立足于社会主义初级阶段基本国情，着眼于确保如期全面建成小康社会和基本实现现代化、实现国家长治久安作出了"乡村振兴战略"的重大决策部署，也是加快农业农村现代化、提升亿万农民获得幸福感、巩固党在农村的执政基础和实现中华文明伟大复兴的必然要求，为新时代农业农村改革发展明确重点、指明方向。于是，在"乡村振兴战略"这一块表述的第一句就是：农业农村农民问题是关系国计民生的根本性问题，必须始终把解决好"三农"问题作为全党工作重中之重。因为是"关系国计民生的根本性问题"，所以是"工作重中之重"。这就解释了为什么要提出"乡村振兴"，而且还要把它上升为"战略"高度。

1.10.3 乡村振兴战略的总要求

在党的十六届五中全会上，曾经对建设社会主义新农村作出了一个概括，是5句话20个字，即"生产发展、生活宽裕、乡风文明、村容整洁、管理民主"。这次党的十九大提出了乡村振兴战略的总要求，也是5句话20个字：产业兴旺、生态宜居、乡风文明、治理有效、生活富裕，互相对照一下，有四句话不一样。这在一定程度上可以表明，我国农业农村发展到了一个新的阶段，需要设定一个新目标，提出一个新的更高的要求。产业兴旺，就是要紧紧围绕促进产业发展，引导和推动更多的资本、技术、人才等要素向农业农村流动，调动广大农民的积极性、创造性，形成现代农业产业体系，实现一、二、三产业融合发展，保持农业农村经济发展旺盛活力。生态宜居，就是要加强农村资源环境保护，大力改善水电路气房讯等基础设施，统筹山水林田湖草保护建设，保护好绿水青山和清新清净的田园风光。乡风文明，就是要促进农村文化教育、医疗卫生等事业发展，推进移风易俗、文明进步，弘扬农耕文明和优良传统，使农民综合素质进一步提升、农村文明程度进一步提高。治理有效，就是要加强和创新农村社会治理，加强基层民主和法治建设，让社会正气得到弘扬、违法行为得到惩治，使农村更加和谐、安定有序。生活富裕，就是要让农民有持续稳定的收入来源，经济宽裕，衣食无忧，生活便利，共同富裕。

1.10.4　怎样实施乡村振兴战略

"乡村振兴战略"意义重大，目标明确，并且不只是农村发展和振兴，而是涵盖全部"三农"工作的重大战略。那么怎样实施好这一战略呢？党的十九大报告原文给出了答案。

不断深化农村改革

我国改革是从农村起步的，新时期增进农业农村动能，推进乡村振兴，根本还要靠深化改革。党的十八大以来，中央出台了一系列深化农村改革的重要文件，作出了长远性、战略性制度安排，农村改革"四梁八柱"基本建立起来了，接下来就是要抓落实、抓深化。具体怎么抓呢？

一是深化农村土地制度改革。习近平总书记指出，新形势下深化农村改革的主线，仍然是处理好农民与土地的关系。党的十九大报告强调保持土地承包关系稳定并长久不变，明确第二轮土地承包到期后再延长30年。这是重大决策，使农村土地承包关系从第一轮承包开始保持稳定长达75年，彰显了中央坚定保护农民土地权益的决心，是一个政策"大礼包"，给农民又一个"定心丸"。土地承包期再延长30年，时间节点与第二个百年战略构想高度契合，既稳定了农民预期，又为进一步完善政策留下了空间。2016年年底中央下发《关于完善农村土地所有权承包权经营权分置办法的意见》，实行土地所有权、承包权、经营权"三权分置"。这是我国农村改革的重大创新，实现了土地承包"变"与"不变"的辩证统一，回应了社会关切，满足了土地流转需要。要按时完成农村土地承包经营权确权登记颁证工作，探索"三权分置"多种实现形式，真正让农户的承包权稳下去、经营权活起来。

二是深化农村集体产权制度改革。这是继农村土地制度改革后又一项农村改革中的大事，目的是保障农民财产权益，壮大集体经济。中共中央、国务院印发了《关于稳步推进农村集体产权制度改革的意见》，贯彻落实中央决策部署，要抓好农村集体资产清产核资，把集体家底摸清摸准；稳步扩大农村集体资产股份权能改革试点范围，推广成功的经验做法；盘活农村集体资产，提高农村各类资源要素的配置和利用效率，多途径发展壮大集体经济。通俗地讲，就是解决两个"适应"：一是要适应健全社会主义市场经济体制新要求，通过深化改革，盘活集体资产，增添发展新活力。二是要适应城乡一体化发展新趋势，推进改革，防止农村集体资产流失，切实维护农民合法权益，让广大农民分享改革发展成果。大量的集体资产，如果不盘活整合，就难以发挥应有的作用；如果不尽早确权到户，就存在流失或者被侵占的危险。推进这项改革非常必要、非常紧迫。

三是完善农业支持保护制度。总的方向是适应市场化、国际化形势，以保护和调动农民积极性为核心。主要是改革完善财政补贴政策，优化存量、扩大增量，更加注重支持结构调整、资源环境保护和科技研发等，探索建立粮食生产功能区、重要农产品生产保护区的利益补偿机制。以市场化为方向，深化粮食收储制度和价格形成机制改革，减少对市场的直接干预，保护生产者合理收益。完善农村金融保险政策和农产品贸易调控政策，促进产业健康发展。

加快建设现代农业

习近平总书记强调，没有农业现代化，国家现代化是不完整、不全面、不牢固的。当前，农业现代化仍是"四化同步"的短腿。要牢固树立新发展理念，紧紧围绕推进农业供给侧结构性改革主线，以保障农产品有效供给、促进农民持续较快增收和农业可持续发展为目标，提高农业发展质量效益和竞争力，走产出高效、产品安全、资源节约、环境友好的中国特色农业现代化道路；确保到2020年农业现代化取得明显进展，力争到2035年农业现代化基本实现，到新中国成立100年时迈入世界农业现代化强国行列。加快建设现代农业，要怎么做呢？

一是确保国家粮食安全，把中国人的饭碗牢牢端在自己手中。解决好十几亿人吃饭问题始终是治国安邦的头等大事，是农业发展的首要任务。要巩固和提升粮食产能，实施藏粮于地、藏粮于技战略，坚决保护耕地，大规模开展高标准农田建设，保护提升耕地质量，提高农业良种化、机械化、科技化、信息化水平。加快划定和建设粮食生产功能区和重要农产品生产保护区，健全主产区利益补偿机制，调动地方政府重农抓粮和农民务农种粮的积极性。

二是加快构建现代农业三大体系。产业体系、生产体系、经营体系，是现代农业的"三大支柱"。要加快构建现代农业产业体系，促进种植业、林业、畜牧业、渔业、农产品加工流通业、农业服务业转型升级和融合发展。加快构建现代农业生产体系，用现代物质装备武装农业，用现代科学技术服务农业，用现代生产方式改造农业，提升农业科技和装备应用水平，大力推进农业科技创新和成果应用，大力推进农业生产经营机械化和信息化，增强农业综合生产能力和抗风险能力。加快构建现代农业经营体系，大力培育新型职业农民和新型经营主体，健全农业社会化服务体系，提高农业经营集约化、组织化、规模化、社会化、产业化水平，加快农业转型升级。

三是调整农业结构，促进农村一、二、三产业融合发展。调整优化农业产品结构、产业结构和布局结构，促进粮经饲统筹、农林牧渔结合、种养加销一体、一、二、三产业融合发展，延长产业链、提升价值链。强化质量兴农，推进农业标准化生产、全程化监管，实施农业品牌战略，把增加绿色优质农产品放在突出位置，全面提升农产品质量安全水平。推进农业结构调整，发展特色产业、休闲农业、乡村旅游、农村电商等新产业新业态。同时，要推进农业绿色发展。统筹推进山水林田湖草系统治理，全面加强农业面源污染防治，实施农业节水行动，强化湿地保护和修复，推进轮作休耕、草原生态保护和退耕还林还草，加快形成农业绿色生产方式。

四是发展多种形式适度规模经营，实现小农户和现代农业发展有机衔接。新型经营主体和适度规模经营是农业转方式、调结构、走向现代化的引领力量，要积极培育家庭农场、种养大户、合作社、农业企业等新主体，推进土地入股、土地流转、土地托管、联耕联种等多种经营方式，提升农业适度规模经营水平。我国国情决定了在相当长一个时期内普通农户仍是农业生产的基本面，要保护好小农户利益，健全利益联结机制，让小农户通过多种途径和方式进入规模经营、现代生产，分享现代化成果。要大力发展多元化的农业生产性服务，完善农资购买、机种机收、统防统治、烘干仓储等社会化服务体系。推进基层农技推广体系改革，探索建立公益性农技推广与经营性技术服务共同发展的新机制。

加强农业农村基础工作

加强农村基层基础工作，要以满足农民群众对美好生活的需要为根本目标，这就需要创新农村社会治理，坚定不移维护农村和谐稳定，实现农村长治久安。怎么做呢？回到原文上来。

一是健全自治、法治、德治相结合的乡村治理体系。"三治结合"是加强乡村治理的思路创新。要探索乡村治理新模式，发挥基层党组织领导核心作用，健全完善村民自治制度，推进村务公开，发挥社会各类人才、新乡贤等群体在乡村治理中的作用（自治）。加强农村法治建设，推进平安乡镇、平安村庄建设，开展突出治安问题专项整治，引导广大农民群众自觉守法用法，用法律维护自身权益（法治）。大力推进农村精神文明建设，弘扬优秀传统文化和文明风尚，依托村规民约、教育惩戒等褒扬善行义举、贬斥失德失范，唱响主旋律，育成新风尚（德治）。这些内容跟我的基层组织"四合一"模式简直如出一辙、异曲同工，这也更加印证了我们县"四位一体"模式的前瞻性和正确性。

二是加强"三农"工作队伍建设。高度重视农业农村干部的培养、配备、使用，培养造就一支懂农业、爱农村、爱农民的"三农"工作队伍。强化党的"三农"政策宣传和专业知识等培训，提升指导服务"三农"的本领。

乡村振兴战略将带来哪些变化

一是坚持农业农村优先发展。党的十九大报告里讲到"优先"的地方，只有三处：优先发展教育事业、坚持农业农村优先发展、坚持就业优先战略。也就是说，教育、"三农"和就业，都是需要优先发展的事业，这为今后搞好乡村振兴战略的顶层政策设计指明了方向。或者也可以这么理解，理论上，以后要改变城市偏向的发展思维，农业农村将优先发展。这是变化一。

二是建立健全城乡融合发展体制机制和政策体系。这句话的含金量是非常高的。之前我们一直在说城乡统筹和城乡一体化，但是因为发展不平衡、不充分等原因，资源都是单向流动，导致了城乡差距依然较大。那么城乡融合是什么呢？就是让城市和乡村二者互动起来，互为有无，你中有我，我中有你。城市要吸收乡村这些特点：环境优美，绿树如荫，湖光山色，不能都是高楼大厦；同样的道理，乡村也要吸收城市的长处：基础设施与生活便利要充分，比如自来水、下水管道、污水处理、网络与无线信号等等，都应该与城市一样，银行网点、购物、公共交通等也要跟上。让城中有乡，乡中有城，城市像乡村一样美，乡村像城市一样便利，这样的城乡发展格局才是最理想的。

以前我们不管是提"四个现代化"还是党的十八大以后提出"四化"，都是农业现代化，这次提的却是"农业农村现代化"。两者之间有什么区别呢？首先，这是一个崭新的表述，推进农业农村的现代化，就涉及农村的经济、农村的政治、农村的文化、农村的社会、农村的生态文明各个方面的建设。其次,现在提出加快推进农业农村现代化,是因为条件越来越完备了。比如现在农村基础设施、道路,发展得非常快,互联网在农村越来越普及,现代物流体系进入农村,在农村的覆盖面越来越宽,农村的教育、农村的卫生、农村的社会保障、农村的文化这些方面都有了长足进步。所以,农业农村现代化比单一的农业现代化涵盖的范围更加宽广,不光是要农业实现现代化,农村的发展也已经站在了新的历史起点上。只要努力,这个目标一定会实现,并且指日可待。这是变化三。

乡村振兴战略的提出,令人耳目一新、眼前一亮,具有重大意义,内容非常丰富。我们要站在历史的维度、理论的高度和实践的广度上理解和实施这一战略,着力推动国民经济发展质量变革、效率变革、动力变革,为决胜全面建成小康社会和夺取新时代中国特色社会主义伟大胜利提供支撑和作出贡献。

2 "互联网+"时代特点

互联网、移动互联网时代下农村电商服务体系不断完善,为广大农村农民创造了互联网创业的契机,越来越多的新一代农民网商通过经营网店来带动农村就业,并逐渐形成新型农村。

2.1 "互联网+"时代的六大特征

全面透彻理解"互联网+"的精髓,除了要把握它本身是什么,还有必要站在这个时代的角度去考察、去解析,研摩"互联网+"和当今这个时代之间怎样关联、匹配和相契。为什么现在要提"互联网+",要确立互联网+行动计划？因为只有如此,才有可能洞悉目前与未来,进而在学习、实践、决策时进退自如。以下六个方面的核心特质值得关注。

跨界融合

"+"本身就是一种跨界,就是变革,就是开放,就是一种融合。敢于跨界了,创新的基础才会更坚实；融合协同了,群体智能才会实现,从研发到产业化的路径才会更垂直。融合本身也指代身份的融合,客户消费转化为投资,伙伴参与创新等等,不一而足。融合就会提高开放度,就会增强适应性,就不会排斥、排异；互联网如果能够融合到每个行业里,无论对于传统行业还是互联网,应该都是一件好事。像支付宝支付,润物细无声,B2B(企业对企业)模式可以进入企业的一些关键节点,促进整合协同、提高效能,可以交叉营销。这非常有创意,是互联网改变商业的一个方面。像腾讯做连接器,开放了平台,可以让很多的人、物、服务、机构嵌入连接器,带来连接的价值,影响了我们智慧生活的方式、与世界对话的方式。

创新驱动

科技创新在国家发展全局中居于什么位置?2015年3月13日国务院颁布的《关于深化体制机制改革加快实施创新驱动发展战略的若干意见》旗帜鲜明地做出了回答:把科技创新摆在国家发展全局的核心位置,统筹科技体制改革和经济社会领域改革,统筹推进科技、管理、品牌、组织、商业模式创新,统筹推进军民融合创新,统筹推进引进来与走出去合作创新,实现科技创新、制度创新、开放创新的有机统一和协同发展。

不仅如此,更具挑战性的在于,驱动要素本身的动能如何发现、激发、激活、放大甚至产生聚变?其能动性与创造性之间有怎样的关联?如何评估创意、创新本身的价值?怎样压缩从研发到产品化、产业化的过程,而且做出一些更生态化的安排?因此,"互联网+"被选中绝非偶然。

重塑结构

互联网还集成了大众智慧,用户可以参与设计、参与创新、参与传播、参与内容创造,用户对于物流、菜品的评价实际上是在参与管理。互联网基于个体端开发了WE"众"经济,众包、众筹、众创、众挖,既是社会的新结构、商业的新格局,又是生活的新方式、经济的新范式。WIKI(一种超文本系统)、开源,这些没有互联网是几乎不可能发生的事。众,既是大众,又是小众、个体;既是自己、伙伴,又是外部世界;既是标准,又是个性;既是集中,又是民主。尊重人性创新驱动,既是机制的改革,又是体制的重构,必定重塑创新生态、协作生态、创业生态、价值实现规则,是基于人性的另外一层意义上的"开放"——由过去的对外开放为主转向对内开放为主,激发内生活力和每一个个体的创造性,从而推动整体开放生态的塑造。所以,李克强总理说:"大众创业、万众创新,实际上是一个改革。"

开放生态

"互联网+"行动计划的核心是生态计划,要重塑教育生态、创新生态、协作生态、创业生态、虚拟空间生态、资源配置和价值实现机制、价值分配规则。最亟待关注的生态包括但不限于:内在创造性激发导向的教育生态,专业教育与职业教育并重,消弭高中前与大学教育、大学教育与应用教育的鸿沟;社会价值创新导向的创意创新生态,搭建创意创新与价值创造之间的桥梁;协同创新、融合创新、价值网络再造的生态,让知识产权、人力资本和努力与可预期结果匹配。这的确将引发一场越来越深入的改革。

连接一切

连接一切有一些基本要素,包括技术(如互联网技术、云计算、物联网、大数据技术等等)、场景、参与者(人、物、机构、平台、行业、系统)、协议与交互、信任等。这里,信任作为一个要素很多人未必理解或认同,但它的确是最重要的因素之一。因为互联网让信息不对称降低,连接节点的可替代性提高,只有信任是选择节点或连接器的最好判别因素,信任让"+"成立,让连接的其他要素与信息不会阻塞、迟滞,让某些节点不会被屏蔽。

"互联网+"时代创新有三大特征(周子学,中芯国际董事长,工信部总经济师)

"未来20年,所有的企业都可能是互联网企业。传统的制造、医疗、金融、农业、交通、运输、教育等行业都将被互联网化。"周子学指出,"从这个意义上来说,'互联网+'正是信息化与工业融合发展的进一步延伸,包括产业互联网和企业互联网。""互联网+传统产业"的融合将极大地改变人们的生产、工作和生活方式,成为创新驱动发展的新引擎和新常态。周子学向记者展示了"互联网+传统产业"在四个方面的突出表现:一是在生产领域,越来越突出以用户为导向的个性化和智能化设计。一方面，在工业时代以供给方为导向的规模型发展转变为以用户为导向的个性化设计。生产的每一环节都充分体现了互联网思维和用户需求的紧密结合。另一方面，过去几十年以数字化和网络化为主的生产模式将逐渐转变为智能化生产和设计。智能化要求能自动执行程序、具备可编程可演化的系统。如无人驾驶汽车、智慧家具等。德国提出的工业4.0，其特征也是智能化。未来智能化产品将为发展新一代信息技术提供巨大的市场。二是在销售领域，线上线下一体化是主要趋势。企业应充分利用线下资源的优势，拓展线上平台，并将线下的物流、退货等业务流程进行线上管理，最终实现线上线下一体化管理、营销一体化。物流交付平台和信息集成交易平台的建立将是产业互联网发展的一个重要方向。三是融资体系发生改变，突出表现是互联网金融的蓬勃发展。我国金融行业长期受体制因素的限制，导致结构失衡，明显体现在20%的大企业客户占用了80%的金融资源，银行借贷动力不足，众多中小微型企业得不到有效的金融服务，制约其发展。互联网金融由于其交易成本低、效率高等优势，可有效解决信息不对称等问题，或将在中小微企业融资领域发挥重要作用。四是融合发展将是产业发展主旋律，产业生态体系日益完善。"互联网+"行动计划被写入2015政府工作报告中，无疑是给传统企业注入了一针强心剂，"融合"将是"互联网+"发展的主要方向。未来信息网络发展的一个趋势是实现物与物、物与人、物与计算机的交互联系，通过泛在网络形成人、机、物三元融合的世界，进入万物互联时代。万物互联将带来改革红利的全面释放，通过万物相连，将极大提高工业、农业和服务业的效率，拉动GDP的增长。互联网已经对生活方式产生了很大影响，比如Uber没有一部车，是全球最大的出行公司；Airbnb没有一家酒店，却是全球最大的酒店公司。百度原来在虚拟世界寻找信息，现在索引真实世界，连接人和服务。谈到未来"互联网+"产业将出现的特点，周子学引用了GE等公司的研究结果：未来产品价值的变化将呈现三大趋势，即硬件的创造价值在软件体现，网络连接使价值从产品转向云，商业模式从产品转向服务。周子学告诉记者,中国的 iGDP 实际上已经达到了 7%。在麦肯锡全球研究院发布的《中国的数字化转型:互联网对生产力与增长的影响》报告中,提出了 iGDP 的概念,即互联网经济占 GDP 的比重。报告认为,2010 年,中国的互联网经济占 GDP 的比例仅为 3.3%,落后于大多数发达国家;而到了 2013 年,中国的 iGDP 指数升至 4.4%,已经达到全球领先国家的水平。在全球互联网企业十强中,来自中国的互联网企业占据了四席。麦肯锡还对中国的 iGDP 计算进行了补充说明,即在大部分国家的二级市场交易中,C2C 线上零售模式主要是个人在进行,且比例可以忽略;但在中国,主要是没有公司注册的小微企业从事 C2C,如果 C2C 被计算在内,中国的 iGDP 会达到 7%,超过七国集团的任何一个国家。互联网对于全球经济的重塑,已可以和工业革命相提并论。周子学强调,伴随着互联网和信息技术的快速发展,互联网经济正成为驱动世界经济增长的新引擎,引发人类生产方式、生活方式、消费方式前所未有的深刻革命,所以,"互联网+"是中国抢占未来发展制高点的战略选择。周子学进一步补充道,互联网具有打破信息不对称、降低交易成本、促进专业化分工和提升劳动生产率的特点。它通过信息通信技术在传统价值链条上的不断深化应用,给企业运营管理带来巨大变化。开放、平等、免费、共享是互联网的核心精神。"互联网+"下信息产业创新的特征和路径创新是人类进步的阶梯,每次进步都体现了创新。人类发展至今始终伴随着创新的发展。在不同时代,创新具有不同的特征。周子学对工业时代和"互联网+"时代的创新进行了比较。回顾工业时代,随着电的发明以及电力技术的发展,电能迅速推广应用于照明、电信、城市交通运输、加工工业和日常生活等各个领域。经历了漫长的时间,直到爱迪生在曼哈顿建立了一个小型电网,从此电就成了网络。电网的出现使得创新呈现出由"点"及"面"的突破。这个网络至今人类还在依赖它,已成为人类生活的基础,同时在生产领域亦由点及面地推动了持久深刻的结构性变革。与电网相类似,互联网是电子信息技术构架的基础设施。但互联网作为弱电网，其特征跟强电又有所区别，强电是解决人类体力不足的问题，而互联网更多是解决人的智力延伸的问题。百十年来，信息技术的创新突破也是从"点"到"面"，比如从原材料的突破，软件的突破，直至网络的形成并迅速普及，从而使得创新呈现出许多新变化。一大批基于互联网技术的新模式企业应运而生，它们以与传统企业不同的方式为顾客提供和创造价值，甚至获得了远高于传统企业的丰厚利润及蓬勃发展。如实现纵向整合的苹果公司、三星公司、构建开放式平台的 BAT 等互联网巨头、打造产业生态圈的小米等等。若作个分类，创新已从工业时代的单一模式走向了产业链式、平台式、生态式等多种模式。那么，"互联网+"时代的创新，有哪些具体特征呢？周子学认为，企业在"互联网+"时代的创新突出表现在 3 个方面，一是产业链式创新；二是平台式创新；三是生态式创新。产业链式创新是指通过产业链上下游或者产业链同一层面的整合而形成的创新模式，其发起者通常已经在原行业占据领先。产业链式创新是当今创新非常鲜明的特点，无论是从传统产业，还是从新兴产业发展的角度，产业链式创新都是重要的创新模式。近年来，产业链式创新也愈来愈受到国家高度重视。产业链式创新包括横向创新、纵向创新以及横向纵向混合创新。平台式创新与网络紧密相关，主要借助于先进的信息技术手段以及全球化网络平台，并对互联网资源进行整合。通过平台式创新，企业可以在较短时间内以低成本整合各种技术资源。最初，互联网是作为一种通讯的特殊手段、特殊方式，主要为美国军方所需，逐渐演变成拥有海量信息汇集的信息海洋，最后变成了人们工作和生活都非常依赖的平台。因此，平台式创新成了今天创新非常鲜明的特征。通过平台搭建，企业对市场和技术变化的反应更为敏感，创新的内容和形式快速变化。传统产业利用互联网创新已成为当今重要趋势。生态式创新是在产业链创新和平台式创新的基础上，延伸出来的创新模式。生态链是比产业链更大的概念，既包括产业链上下游，或是横向的与本产业紧密相关的企业，还包括市场环境等。生态式创新是指通过整合生态链中的供给方和需求方，以及市场环境（包括软环境和硬环境），使之共同进行创新的有机创新整体。周子学强调，生态式创新在信息产业中表现得最为突出。例如，小米为让设计更具个性，让客户充分参与，通过互联网及现场活动征集各种各样有趣的设计，围绕客户从产品品牌、商业形态、客户交互体验等方面构建完善的生态链。实际上，无论是产业链式创新、平台式创新还是生态式创新，均是通过不断地分工和整合去实现的。周子学告诉记者，整合是创新的鲜明特征，分工理论则更为古老，每一次分工都带来一次社会进步。而分工有一个切入点，一旦寻找到这个切入点，就可以携自己的优势去整合他人。因此，由分工理论入手，然后挖掘自己的核心技术，再基于此实现整合，具体包括纵向整合、横向整合，或是互联网上平台式整合，甚至生态链整合等等，从而做到"第一"。而这种"第一"可能会通过另一家企业再分工又成为一个新的切入点来打破，这就是一个历史过程。所以有人说，互联网企业只有第一，没有第二。因此，只要找到了自己的分工模式，就可凭借核心技术去整合别人，否则就会被其他企业所整合。当然，如果被整合，仍要坚持自己的比较优势，如传统意义上的质量、品牌、效率等。最后，周子学强调："被人整合说明你有价值，整合别人说明你有能力。"

2.2 互联网时代对传统消费品的影响

互联网时代对传统消费品的影响是全面的，主要集中在以下几个方面。

第一点：用户，你我变成了"咱们"。比如说企业和用户原来是买卖关系，你我关系，现在变成什么？是"咱们"的关系，通过消费者社区变成咱们的关系，所以移动互联网时代重塑了客户关系。

第二点：产品，"1+N"；互联网产品与产品互联网化。在线模式中，产品讲"极致"，实际上极致之后就是"1+N"。原来小米刚成功的时候，我在推测小米干的是什么？因为他的产品有电视、手机、路由器，我推测的结论是小米要做智慧家庭。因为手机屏和电视屏是两个硬入口,所以小米把一个家庭的电视和手机屏幕都占了,路由器是一个智慧家庭的控制中心。但你现在看,小米在做什么呢?尽管"智慧家庭"还在做,但小米同时形成了另一种模式——"1+N",在手机成功之后,形成了消费者社区的入口,他围绕着用户入口做起了各种产品,如家装、房地产等。对于传统消费品企业现在要担心的是什么?要担心的是强大的入口挟用户以颠覆大佬。比如,小米通过入口整合生态资源,如牛奶基地,牛奶也可以做。挟用户以颠覆大佬是需求链管理,形成一种入口,通过管理需求去整合资源提供产品。

另外对于产品,一个是互联化产品,一个是产品互联网化,会给我们带来无限的机遇。比如,我们以前没有电的时候,做饭是土灶,有了电之后是什么呢?是电饭煲!互联网时代也是如此,我们的眼镜、手表、鞋、床会不会互联网化呢?

第三点:品牌,长时间——短时间。一个品牌的培育,在过去是很艰难的,现在一夜之间这个品牌可以建立起来,比如说小米手机。在没有利用互联网的参与设计和社区营销时,怎么做也是山寨机,现在呢?

第四点:渠道,去中间化与新中间化。过去我们是线下,是经销商批发商,现在我们找线上入口,不是没有渠道,是渠道发生了改变,不是不要渠道策略,是渠道策略的对象发生了改变。

线上战略对中国传统消费品和中小企业带来了无穷的机会。为什么?因为我们做一个企业最难的,无非是品牌和渠道。因为企业很多时候不是你的产品不够好,而是客户无法知道你的产品有多好。有了新产品,你需要铺渠道达到客户那里,这需要很多钱,你需要建设、推广你的品牌,让客户知道你的产品有多好,但这要经过多年的积累,也需要多年的投资。但是互联网时代把这些颠覆掉,可以利用这个时代进行弯道超车。

第五点:推广,"B+C"。参与营销的方式,最早"移动互联网"参与营销的应是超级女声,通过电视屏和手机短信,一大群不相关的人为之疯狂,李宇春一夜之间家喻户晓。

第六点，研发，"B+C"。参与设计，体验产品。未来尤其是个体知识/技能工作者，很容易整合成平台，如服装设计师、咨询顾问、家装设计师、按摩师等。

第七点，生产，"C2B"。预定生产和柔性生产。

第八点，交付，B2C&C2B。传统服务满意是送货上门，在移动互联网时代，根据产品特点，可以自提货实现服务的满意。比如一个初创或少量品种的生鲜产品，可以通过自提货解决冷链物流成本问题。

第九点，资源，N+。可以以需求链管理来资源整合，另一点就是通过社会碎片生产资源的整合，可以实现个性化生产的规模化。

2.3 移动互联网时代该如何创业

不要老是去追那些已成型的平台的机会了，大的在做的事情你就不要去追了，创业者一定要走在大家的前面。"在如今"大机会在变小，小机会在变大"的移动互联网时代，如果你是创业者或想做移动互联网的创业者，不烦听听创新工场CEO李开复给出的创业要考虑的三大问题。千万要抛弃过去的产品形式，要拥抱移动互联网，把技术引入，然后来获取用户，相信这样你们就会得到最大的成功。

创新工场CEO李开复：

过去的一年，是重要的一年，对移动互联网来说，手机用户已由去年的2亿增长到今年的5亿多，不同领域有很多很棒的创新，这些大家都是知道的，我想讲一点你们不知道的：大概四年前，在我做创新工场之前，很多外媒跟我聊中国创业创新，他们唯一的问题就是说："你们都不创新，你们只是山寨。"最近这几年，我接受了多次国际媒体的采访，他们主要的问题已经不再提山寨了，而是说在移动互联网方面，你们怎么这么牛？我可以明显地看到无论是腾讯、新浪亦或是初创的比如啪啪、豌豆荚还有业界很多其他的创新创业来说，我们都在创造奇迹，我们的年轻人利用了这个巨大的市场，非常低的创业成本，还有很好的政策市场环境和投资平台，让我们的互联网产业飞速成长。

我在微信群里面看到的一个个创业者、产品经理都知道得比我多，我在跟他们学东西。每天我看到这样的现象的时候我对中国的移动互联网，对中国的创新创业充满着信心，而且我认为在明年的今天我们就会看到中国互联网的创新创业会走向国际，而且在全球的舞台上为国争光。现如今，互联网产业趋势是大机会在变小，小机会在变大。创业者一定要走在大的前面，所以如果我是创业者，我会考虑下面这3个方向。

第一个建议：关注用户习惯，今年涌入的3亿主流用户和去年的1亿~2亿用户可能是不一样的，关注他们有什么用户习惯。

第二个建议：是移动互联网和传统行业的结合，也就是所谓的O2O。怎样用移动互联网来改变衣食住行吃喝玩乐。

第三个建议：我想到的创业方向是怎样做一些企业级的应用，尤其是中小企业，但是也可以考虑大型的企业怎样用移动互联网来改变内部企业的流程，这个稍微长远一点，但是现在开始思考也不算太早。对于传统行业的创业者，是非常重要的，移动互联网虽然同样地重要，但这两者是不可或缺的，传统行业累积的人脉、知识、产业链都是非常重要的，在做传统行业+移动互联网的时候，千万要抛弃过去的产品形式，要拥抱移动互联网把技术引入，然后来获取用户，相信这样就会得到最大的成功。

3 新时代农村的转型

3.1 新时代的农村变革

"互联网+"开启农产品营销的新时代

农业是国民经济的基础产业,农产品是人类生存与发展最重要的物质基础,关系到国计民生,是国家运作的支柱。现阶段,大数据、大流通、大互联已成为农产品营销发展的必然趋势,也是未来农业营销必须坚持的方向。伴随着国家层面《关于加快发展农村电子商务的指导意见》的发布,更多的工商资本涌入农业电商领域,为现代农产品营销促进农业增效,实现农民增收提供前提。

传统农产品营销特点

传统农产品营销活动贯穿于农产品生产、加工、流通、交易四大部分。目前,我国农业产业化水平较低,农资产品同质化严重,农户缺乏对农产品深加工的认识,流通渠道呈现"两头小,中间大"的不平衡性,"买难、卖难"的现象同时存在。即对农户而言农产品"卖难"现象突出,而对城市居民而言则农产品价格居高不下,产销对接不通畅。同时,农产品在营销成本较大、投资回收期长、回报率低等条件制约下,品牌价值难以实现。

农产品营销中存在的主要问题有以下几点。

(1) 农户农产品营销观念意识薄弱,营销组织化程度较低。当前我们农户生产多以分散式为主,产业化水平较低,缺乏统一的营销指导与培训。绝大多数农户都是抱着随众的心理进行农产品售卖。所以农产品营销还不够科学规范。

(2) 农产品产业化集中度较低,缺少合作化、规模化的生产方式。农产品深加工不够,农产品的规模化生产与质量安全体系建设落后,产品质量差异大,品牌溢价效应无法得到有限的放大,造成农作物在市场中的销售困难重重。

(3) 流通环节过多,流通半径过小,销售渠道单一。农产品的脆弱性导致其在物流环节中容易腐败变质,这就对物流系统的时效性与稳定性要求极高。所以,保证物流运输的安全性就成为流通环节的重中之重。同时,多数农户自产自销,辐射范围有限,市场容量过小,农户的上级组织合作社在渠道对接过程中难免有信息失真的情况,而农户的初级产品缺少相应的技术含量,导致销售价格不高。

(4) 营销销售信息闭塞、对市场的分析处理能力差。现在大部分地区的农产品销售市场的信息传递很大程度上仍依赖于传统的沟通方式,缺乏网络等交互性强的覆盖范围大的工具,产品宣传信息不到位。由于宣传力度不够导致农产品成熟后大量的积压在家,没有销售渠道,给农民带来巨大经济损失。

3.2 "互联网+"解决农产品营销问题

在当前"互联网+"时代,营销思维已风靡全球,农产品网络营销也显得十分必要,加强网络营销,繁荣农村经济势在必行。"互联网+"的营销策略对于增加农产品的销售量、树立农产品特色品牌、拓展农产品销售渠道、解决农产品产销对接、增加农民收入、推进农村改革发展都具有划时代的重大影响。

(1) 借助"互联网+"的营销思维,提升农户农产品营销信息意识。

积极主动联合信息产业、通信管理等相关部门,鼓励农民积极参与网络营销知识体系培训。增强农户农业技术水平，培养农业信息化技术人才，提高农产品生产质量。

（2）建立以用户为中心的农产品物联网追溯体系，提升百姓食品安全意识。

近年来，越来越多的大型农民合作社开始采用"农产品质量安全可溯源系统"，通过信息化手段管理，实现农产品从"田地到餐桌"的产业链全过程管理、监督、展现，进一步提升农产品的品牌建设，提高农民的收益。

（3）构建新型的农产品电子销售渠道，完善农产品物流配送体系。

进一步利用现代互联网技术，拓宽网络营销渠道，多视角、多维度与电商进行融合，充分发挥互联网信息共享、网络传播速度快、范围广的核心优势，进行农产品产销直面对接。而且，通过全球定位系统保证能够及时有效地处理物流交易，提高农产品流通效率，让消费者可以直面地利用网络浏览农作物生产、加工、运输、交易过程，增进消费者消费农产品的信心。提高农产品在市场上的转化率，进而实现农民收入的增长。

（4）力促农产品信息发布，加强特色农产品品牌化建设。

通过建立农产品信息服务平台，利用地方的资源优势、文化优势及政策优势对地方特色农产品进行整体定位、包装、宣传。引导消费者大众农产品品牌感知，树立良好形象。选准品牌代言人，比如：褚橙的营销、柳桃、三只松鼠等互联网农业品牌的迅速崛起，让传统农业从业者看到了希望。利用新型的产业模式创造差异，让农产品特立独行，强势打造农产品差异化品牌价值和影响力，为农产品营销带来意想不到的商机。

众所周知我国是一个农产品大国，转变为农业强国还有很长一段路，农产品营销还处于起步阶段。实践证明，"互联网+"本质上是一种方法论、一种工具、一种介质，借助"互联网+"思维可以在较短时间内改善或解决农产品营销过程中的生产、流通、信誉、品牌等问题。"互联网+"农业对农产品市场营销而言是一种全新的形式，通过网络营销能够更全面准确地把握市场需求信息，开拓更广阔的市场空间，以促进我国农产品网络营销快速、有序、健康的发展。

农商达专注农产品线上销售解决方案提供商，可以辅助解决农产品线上销售相关问题，让"互联网+"新思维开启农产品营销的新时代。

4 农民互联网时代创业的前景分析

预言农村是互联网未来十年核心投资领域，宣称将投资 100 家农村互联网创新企业

出身湖北农村的小米掌门人雷军，在两会议案中预言：中国农村将成为互联网企业的投资未来，是互联网世界的下一个风口。

近日，记者独家获取到雷军在两会时递交的议案手稿，其展现出对农村互联网的重视和热情，并断言"农村互联网正在形成巨大的台风口，是中国未来十年的黄金创业机会。"

未来，雷军或将小米的移动装置更多地渗透至农村，而作为顺为资本的创始人，他更表示，农村互联网经济"是未来十年最核心的投资领域"。

深耕农村电商市场推动巨头扩张

"放下镰刀，拿起鼠标"，这是中国很多农村近几年来的真实写照。

在互联网进入农村市场之前，可能谁都无法想象：发几句话，配几张图片，能够带来多少买家与销售额？然而去年春节期间，在微信朋友圈转发得火热的卖苹果广告，仅凭借简单的网络传播，便取得了丰硕的成果。据微信卖苹果的农户介绍，卖得少的也就一千元左右，卖得好的都过万了。事实上，一个普通农村家庭，靠种植苹果一年的收入平均也就在一两万元左右。

雷军曾说："农村将成为互联网领域的'沃土'，而非信息时代失联的'孤岛'。"在农村电商市场的深耕，毫无疑问能够带来井喷式的发展,最终推动电商巨头本身的扩张。

在雷军看来,农村互联网已经走到了爆发前夜的路口。从去年开始,各大电商巨头不断向线下下沉成为最主流的趋势。以县域、乡村为代表的农村电商市场拼杀得血肉模糊,无所不在的"刷墙"战成为最好的注脚。

从农村电商市场的特质来看,电商巨头向其扩张也是各取所需。农民收入水平的提升,脱离了简单、粗暴的随意商品即可满足需求的初级阶段,对商品的质量、多元化等有了更高的需求。在传统的线下渠道不能满足这一需求的态势下,电商渠道自然成为完美的补充。而农村人口红利尚未消失殆尽,电商的进入,也有利于消化劳动力,创造更多的岗位,并进一步带动更多农民富裕起来。

至少投资100家农村创业企业

雷军表示,未来的5~10年里,农村将会迈过城市20年的演化,从IT化到互联网化到移动互联网化,三步并一步,跑步进入移动互联网时代。

他提出建议,应加快农村移动终端普及力度,推行"手机下乡"活动。移动终端厂商应积极发展质优价廉、简单易用的移动终端,应扩大面向广大农村的供应力度,使收入不高的农村居民能用得起移动互联网。事实上,随着移动宽带网络等基础设施的覆盖、智能手机的普及以及农村人口网络生活的形成,都为农村互联网的形成和爆发提供了初步的软硬件土壤;3G、4G等移动网络得到了大规模覆盖;同时,国产智能手机厂商的崛起,大量平价优质的智能手机在农村迅速获得普及,农民越来越习惯通过手机上网,广泛地接触移动互联网。

"进一步加强农村互联网的基础设施建设,推行'宽带中国'战略,加快加大推动提速降费的重大举措,创新宽带电信普遍服务补偿机制,打通信息高速公路的'最后一公里'。"雷军表示。

顺为资本,由雷军和许达来于2011年联合创立,目前是管理着17.5亿美元和10亿元人民币的风险投资基金。作为小米布局的重要一环,顺为资本近年来在智能硬件的投资上几乎是围绕小米的生态链在进行。长江商报记者整理雷军的互联网版图时发现，其目光已然聚焦到了农村互联网领域上。

"顺为3年前提出投资农村互联网，当时没有找到一家创业企业，没有人愿意回到农村，没有人愿意做这么苦的活。不过可喜的是，我们看到这个行业正在起飞。"雷军说，截至目前，顺为已投资了10多家相关企业，按照设想，未来至少要投资100家。

农村互联网金融市场潜力巨大

"农村互联网是真正的大热点，会产生一大批的独角兽企业。"雷军曾表示，移动互联网与"三农"的融合，尤其是与农村的商业、社会、生活、资源等的对接，必定会产生很多新的商业机遇。

以金融领域为例，在绝大多数农村，能够与金融体系挂上钩的也就只是农村信用合作社、邮政储蓄等网点较为普及的银行机构。与百花齐放的城市金融体系相比，农村金融领域显得乏善可陈，死气沉沉。

但也正是这样，在融入互联网元素之后，金融反而能够在农村市场有更多的文章可做。在雷军看来，目前，农村互联网金融待开发的潜力市场，主要包括互联网借贷、互联网保险等方面。"鼓励社会资本发展农村金融，改善农村征信体系，提供农资贷款、机械贷款等多种形式小额信贷，为农村互联网减轻资本障碍和创业阻力。"

对此，2017年3月17日，中国电子商务研究中心分析师莫岱青在接受记者采访时表示，"企业家们积极在农村布局'互联网+农村'，其实是看中了农村的市场，圈住尚未开放的基数庞大的农村用户，同时，也是希望通过互联网思维盘活农村的资源，把自身的内外部资源进行整合。"

她以旅游资源为例解释，旅游正在逐渐成为农村重要的副业之一，但与传统旅游中的城市景点、名胜古迹、山水生态等规范化、规模化等相比，农村旅游同质化现象严重，而且并没有形成一定的产业，太过分散。

而互联网渠道的介入，给了农村市场转型升级的契机。通过互联网,农村旅游能够在一定程度上实现互联网式的营销、管理和服务水平的提升,并引入现代化的经营模式。而借助互联网无所不知的特性,能够将多方农村旅游信息集中起来,甚至对闲置的旅游资源进行盘活和创新,最终传递至旅游者端。

"带来更多就业机会、盘活农村经济、布局物流网、互联网进一步在农村铺开等都将成为小米带给农村商业经济的机遇。"莫岱青说。

人才匮乏成农村互联网掣肘

让农村非网民连接互联网,实现农村非网民的转换,是挑战也是机遇。

随着移动互联技术的发展以及移动终端的普及,移动互联网将为广大农村和西部边远地区实现全民接入互联网带来福音。雷军解释说:"移动互联网是真正的互联网,它天然属于广大农村,它不拘泥于时空所限,是适合居住分散、收入较低、文化程度不高这一特点的广大农村非网民转换的最佳契机。"

目前来看,我国的城乡二元化差异是非常显著的,互联网给城市居民带来的便利已经触手可及,城市现在享受到的互联网的便利和福利将来肯定会慢慢往农村渗透。

大力发展农村移动互联网可以使广大农村实现"弯道超车"跑步进入现代信息社会,实现农村"数字脱贫",缩小甚至跨越城乡数字鸿沟,有助于实现国家信息化战略。大力发展农村移动互联网还可以带动广大农村发生翻天覆地的变化,互联网对于城镇所发生的深刻变革同样也可以由移动互联网带到广袤的农村大地。

不过,相对于高速发展的城市,农村建设一直处于落后状态,农村的生态系统更为复杂,单纯的电商模式很难改造农村经济。因此,互联网对于城镇所发生的深刻变革该如何转移到广袤的农村大地,这期间会碰到很多的挑战。

从大环境来看,农村市场最缺乏的就是互联网人才。不管是农村电商、农村互联网金融抑或其他,互联网人才的匮乏成为农村互联网得到最大程度进化的掣肘。此外,关于互联网企业的线下到达能力、用户教育等问题都是企业进入农村市场的门槛。

对此,雷军建议,应鼓励人才回流创业,投入"智慧农村"建设。政府制定全国性的人才、财税等优惠政策,吸引各类人才返乡创业,激活农村的创新活力。各级政府接入农村大数据,打造"农村云",推进云计算解决农村资源分配、信息流通不畅等问题,优化社会效率。

雷军认为,移动互联网与"三农"的融合,不仅可以激发农村的发展活力,还可以解放农村的劳动生产力,为广大农村脱贫致富奔小康和建设社会主义新农村开辟出一条新的道路,打造现代智慧农村。

农村将成为互联网领域的"沃土",而非信息时代失联的"孤岛"。

5 互联网时代农民创业的误区

移动互联网创业者的三大误区

误区一：小而美等于产品简单

很多创业者认为，目前大公司有资源做大而全的产品，而创业公司应该聚焦小而美，尽量将功能做到简单好用，这本身没有错。但是笔者认为，所谓的小而美应该是将其中一个亮点功能做到极致，而非是产品的功能单一，甚至整个产品仅有一个功能。

因为创业产品首先做到的不仅仅是可用，更要考虑到用户的后期黏性。一个功能简单到甚至简陋的产品是断然留不住用户的，一般来说这类产品工具性一定很强，而缺少用户互动，产品注定走不了太远。

误区二：垂直细分等于冷门市场

互联网经过十几年的蓬勃发展，在搜索引擎、即时通信、新闻门户、电子商务等等领域诞生了一个个巨头。目前来看，阿里巴巴、腾讯、百度是当下互联网行业三大巨头，还有小米、360、唯品会等百亿美元的公司占据着市场。这些互联网大公司具有充足的现金流，精英产品推广团队，对创业团队的杀伤力极强。

因此，按照常识来讲，创业者创业项目的切入最好是避开与大公司直接竞争，做一个相对来说垂直和细分的行业，这是相对安全的。但是误区在于，垂直细分并不一定是专注一个冷门偏僻的小众市场，而是需要仍然在一个潜在用户市场巨大，而巨头未全面发力的垂直细分行业。比如过去几年，虽然四大门户风云一时，但是在垂直门户领域，也诞生了如搜房网、汽车之家等上市公司。

一般来说，在巨头未全面渗入或还不够重视的垂直细分领域，在发展初期竞争相对不太激烈，不需要太多的资源支持，只需要凭借优秀的产品创意就很可能抢得先机，从而赢得一块市场。但一定记住，垂直不等于冷门。

误区三：学习时间多于实操实践

创业者们身上有很多的品质值得学习，比如充满激情，比如谦虚好学。因此，我们能够看到不少的创业咖啡馆，但凡是有什么沙龙讲座，都是人头攒动，里面80%都是创业者。但是创业者真的需要花费太多的时间去学习一个不知道什么时候能够派上用场的知识或技能吗？笔者觉得这里面也是存在误区的。

笔者个人认为，创业者与其花费太多的时间去学习钻营那些看得见摸不着的新技能，还不如多去实操和实践，解决下自身企业的实际问题，毕竟创业者（尤其是领头人）的时间宝贵。学习有时候还是需要有取舍的，不要贪大求全，也不要被自己好学的假象所迷惑。

尤其需要提醒一下的是，现在的很多移动互联网创业者把周鸿祎或张小龙等大公司的成功者奉为神明，期待学习他们的产品成功之道。

事实上，大多时候，现有成功者的经验并不能复制，而且大公司的产品尤其不能够复制。比如像微信这样的产品，不仅仅是张小龙作为产品经理的成功，更多的取决于其所在公司腾讯背后资源支持以及其团队的综合实力。

过往的书刊报纸中，有太多的文字用来讲述创业的方法论以及创业者的辉煌故事，实际上，创业本身是一部血泪史。

我们看见的是成功融资、上市、纳斯达克敲钟等各种光鲜，看不到的是创业的种种艰辛以及创业路上遭遇的种种挫折。

新进入的创业者如何尽可能地规避创业路途上的一些大坑？作为过来人的创业者有哪些经验和教训可以借鉴？我们总结了创业过程中的八大教训以供参考。这八大教训前5个是经营层面的教训，后3个是管理层面的教训。一般来说，管理是服从于经营，经营是选择对的事情做，管理是把事情做对。对创业而言既要选对事情，也要把事情做对，两者缺一不可。

（1）盲目照搬国外模式　忽视国情不接地气。

商业模式是创业者在创业初期规划时遇到的首个问题。

中国互联网过去10年的创业大潮中，硅谷一直是中国创业者的灵感来源。他们习惯于利用硅谷和中国之间的趋势时间差，把硅谷热门的初创公司的商业模式复制到中国。在预计成功复制的同时，也需要考虑在中国市场上遭遇水土不服的风险。

近几年蹿红的创业公司中，无论是预订酒店剩房的今夜酒店特价，还是面向短租客的爱日租，以及轻博客点点，都在复制美国模式的水土不服中途折戟，只好另辟他途继续前行。

今夜酒店特价初期学习的是美国红极一时的 Hotel Tonight 公司。Hotel Tonight 在美国每个城市只做3家酒店，这种精品酒店模式可确保每个酒店都能获得大量的订单，从而加强话语权。今夜酒店特价发展初期，同样采用了每个城市只做少数几家精选酒店的方法，但实际效果却相差很多。为何？

今夜酒店特价的模式忽略了中美酒店市场的巨大差异。美国的酒店近80%都是品牌深入人心的连锁店，用户更容易感知到打折力度，而在中国，像如家和7天这样的经济型连锁酒店市场占有率不到20%，独立酒店居多，在消费者不熟悉的情况下，巨大的折扣力度反而会让消费者质疑其体验。

今夜酒店特价的模式还忽略了中美交通状况的差距。美国的汽车普及度高，强大的价格因素刺激容易驱动用户开车到较远的地方住酒店，尤其在地域广阔的美国西部和中部地区。反观中国市场，并非人人有车，而且大城市交通拥堵，这扼杀了多数用户驱车去住很远的低价酒店的冲动。他们更在乎自己身边有什么熟悉的酒店，并且期望更多样化的比对范围。

即使富有产品经验的创业者有时候也会跌入同样的陷阱。曾成功运作校内网的许朝军创办了点点网,试图复制国外轻博客网站Tumblr的辉煌,但事与愿违,点点最终没能达到市场的预期,其他的中国模仿者也都销声匿迹。背后的原因同样是中美经济和文化背景不同导致的用户差异。Tumblr式的轻博客代表着小众文化,但在美国,生活水平高、假期多又喜欢分享的用户群体大,Tumblr还有国际市场做支撑,这些条件国内的点点网都不具备。再加上微博和豆瓣两个社交平台都挤压了轻博客的生存空间,创业一年后点点网就陷入了艰难维持的状态。

(2) 自己定义的需求不一定是真需求。

找准目标用户的真实需求是创业的第一步。创业者起步阶段的市场调研缺少严密的数据分析,而是凭直觉判断,甚至是从自身需求出发判断市场,这中间往往存在着很大的误差。

曾经创办世纪佳缘网的龚海燕是资深创业者。10年前,龚海燕创办世纪佳缘的缘由是自己找不到对象,通过世纪佳缘,不仅她自己找到了幸福,也让千万世纪佳缘会员有情人终成眷属。10年后,当龚海燕再用这种思维路径去思考下一个创业方向时,她想到了自己在英语上的痛点——口语不行,决定再次从自己的痛点着手创业进入外语培训市场。但这种从解决"自我需求"出发的二次创业失败了。

龚海燕起初想切入一个比婚恋市场经济效益更大的市场,去找一个更有可能突破的台风口。但是真正投入这个市场之后才发现困难重重,先是新东方创始人王强认为方向有问题放弃投资,随后在产品设计、公司经营上遇到多重困难。此后,龚海燕放弃了外教口语教育,转而选择了基础教育市场。

要找出用户真正的需求,不妨参考《精益创业》提倡的MVP(Minimum Viable Product)概念,意即"最简可行产品"——用最快、最简明的方式建立一个可用的产品原型,这个原型要表达出你最终想要的产品效果,然后通过市场检验,快速迭代调整产品。

(3) 曾经的经验是财富也可能是"包袱"。

创业者过去的成功经验代表着一段时间的总结,但会陷入思维定势和路径依赖。知名天使投资人保罗·格雷厄姆（Paul Graham）曾经总结过创业公司的发展曲线：在创业初期，创业公司往往都处在一个急速上升的曲线，而且这时候创业者还没有碰过壁，处于"无知的乐观"之中；但是在经历了最初高速发展之后，创业公司会面临越来越多的问题，公司开始进入"创业绝望谷"，多次碰壁之后创业者会进入"有知的悲观"。大众点评的二次创业是这个创业曲线的典型代表。

成立于2003年的大众点评网，在创业的前7年中，一直不温不火，直到遇上了移动互联网，才开始焕发青春。2010年，大众点评开始往移动互联网方向转型，其中大众点评业务上发生的最大变化就是由过去的广告业务，开始涉足团购等本地生活服务。由于大众点评通过多年的积累，已经拥有大量商家信息，因此被外界认为是最适合做本地生活服务的公司。

其实模式有很大不同。大众点评一直是和商家在打交道，过去希望商家在大众点评上做广告，这是一种内容或者媒体模式。而团购虽然也是和商家打交道，但却是希望商家来这里卖东西。这两种模式看似一致，但实际执行中很不一样。大众点评在进入团购领域后，还是按照原来经营慢公司的做法，没有第一时间快速拓展城市，而且认为三四线城市用户没有团购的需求，但后来发现错了。三四线城市的消费者不喜欢点评或者查找餐厅，并不意味着消费者不希望省钱。

（4）环境巨变固步自封出危机。

创业企业的致命危机往往在于当市场变化时没有及时调整，从而被用户抛弃。曾经红极一时的开心网、维络城都是如此。

当初开心网凭借"偷菜""争车位游戏"风靡全中国，抢占白领市场，成为SNS市场与人人网齐名的社交网站。但开心网蹿红后，遭遇了"真假开心网"之争和新浪微博上线两道坎。无论是山寨开心网的人气分流，还是新浪微博上线，都让开心网元气大伤。与此同时，开心网内部创新不足，在红极一时之后，没有超越之前的创新。

主打优惠券业务的维络城也同样遭遇了过山车般的窘境。随着移动互联网时代的到来,维络城传统的打印纸质优惠券的核心业务逐渐被手机 App 所取代,面对这样的环境骤变,维络城没能及时调整并开展新的业务。这让维络城的失败几乎成为了必然。维络城全盛时期,其在北京的终端设备数量最多时曾超过 1 500 个。但后来,网点只剩下两位数。随着终端机器的消失,维络城公司也从最高峰时的 2 000 多人缩减到与嘀嗒团合并前的不到 200 人。

(5) 大规模转型风险高。

前面讲了故步自封带来的危害,但不断调整市场定位、重构产品,风险也同样非常大。这就让创业者们饱受着"等死"和"找死"的双重煎熬。把握好"变"与"不变"的度是创业成功与否的关键。

垂直互联网市场的成功者比比皆是,比如旅游市场的携程、房产市场的搜房网等,垂直市场成功的前提往往在于:细分市场规模足够大、标准化程度高以及有一定的行业壁垒。创业者对垂直市场的判断容易出现偏差,一些垂直市场往往貌似存在机会,但事实上只是暂时的空白,一旦成为横向整合者的目标,创业者的市场空间就会失去。比如鞋类电商乐淘一度是垂直电商的代表之一,随着天猫、京东进一步做大,成为横向扩张能力更强的大平台,它就被迫开始转型。

乐淘的转型选择从渠道制转变为买手制,并且经历了一次次的内部结构大调整、整个供应链换血以及变相裁员。做自有品牌的方向本身没有错,但在执行上过于极端。原有的鞋类电商平台被砍掉,新诞生的自有品牌缺少强大的母体支撑。其实本可以在原有平台运营的基础上植入自己的品牌,慢慢养,同时去各大渠道分销。另外,乐淘一气推出 5 个品牌的方式也过于激进了。尚显年轻的运营团队无法驾驭 5 个品牌。在一些有着丰富经验的传统鞋类企业来看,做一个品牌就非常不易,同时做 5 个品牌是异想天开。就这样,乐淘销声匿迹了。

创业者选择方向时,进入一个相对蓝海的创业领域是可行的。但这个领域与自身的能力、创业过程中可以调动的资源是否相匹配则是更需要考虑的。创业者往往忽视了后续的资源支撑能力,一旦发现这个方向不可取,只能选择转型。公司一再转型则意味着整体系统风险的随时降临。

点心作为创新工场的首个毕业生,一度笼罩着各种创业光环。它是创新工场家族中第一家注册的公司,也是第一家毕业的创业项目。作为最早杀入手机操作系统市场的创业公司,点心很快遇到ROM的红海。点心希望和三星等大厂商合作,但最终只有夏普等二线手机厂商同意和它一起试水。与此同时,点心既没有建立起自己的核心粉丝群,产品版本迭代速度也很缓慢。最终其发现做ROM不是自己所擅长的,随即从硬件合作生产回到手机软件Android系统工具优化。在随后的转型中,点心又遭遇ROM和Android系统工具二选一的抉择,最终选择了Android系统工具的方向,把最早的手机OS产品线打包出售。为了进一步提升自己的商业化水准,2013年年初,点心接受百度的战略投资,进入安全市场。

(6) 快速成长下的过度膨胀和管理失控。

比起初创公司的艰难,有另外一类公司作为一个互联网细分行业(比如电商、团购)的拓荒者,借势中国经济和消费崛起,依仗一轮又一轮融资等因素有着完美的开局,但在陡峭增长曲线背后却隐藏着种种危险:大规模烧钱导致巨额亏损,公司人员极速扩张,素质却良莠不齐,迷信营销的力量而忽视更基本的质量问题……公司如同直插云霄的火箭突然失去动力急速下坠,在高速扩张中,失控的风险急剧增加。

凡客诚品和拉手网便是其中的典型案例。

成立于2007年的凡客诚品,曾经是快公司的典型样本。"我是凡客"等凡客体风靡之时,2009—2010年凡客迎来了疯狂扩张,但随之而来的是巨大的管控漏洞:数亿积压库存报损、被销毁或低价出售;由于过分扩张品类,凡客早期清晰的服装品牌定位逐渐模糊,供应商和质量管理出现失控;人员急剧增加,但很多员工无所事事……在获得雷军等投资人的新一轮资金后,凡客开始了一场"小米式的变革",但越来越多的迹象表明,凡客已经无法通过常规手段收复失地。

拉手网的快速跌落类似凡客。作为国内团购市场早期曾经占据头把交椅的公司，拉手网从成立到递交上市申请不足两年半时间，但在经历了巨额的融资和高速的发展之后，其为冲击上市扩大规模和业绩，造成内部管理混乱，完全靠烧钱扩大市场份额，在上市受阻后迅速陨落，跌出了国内团购市场的第一阵营。

（7）"兄弟义气"埋下团队内讧隐患。

创业公司获得风险投资（Venture Capital，简称VC）的青睐无疑是获得认同的可喜的一步，但公司创始人之间以及投资方和公司管理层的关系也变得更加复杂。投资人和管理层之间存在矛盾冲突，以及创始人内部的股权分配失衡，均会增长创业企业的不确定性，母婴用品起家的电商红孩子即是一个典型样本。

徐沛欣、李阳、杨涛和马建阳几个好兄弟一起创办了红孩子，形成了CEO+3的管理格局，四人性格互补，徐、李、杨、马四人组成的红孩子核心团队的协同作战能力也成为风险投资商相信红孩子的一个重要条件。在引入多轮融资之后，从2006年开始，红孩子创始人之间的矛盾开始发芽。在获得风险投资后，徐沛欣的话语权逐步加大。此时，李阳、徐沛欣的战略分歧也在日益凸显。是继续专注于母婴用品市场，还是引入化妆品、3C（China Compulsory Certification，中国强制性产品认证）等品类做综合B2C（Business to Customer）？李阳坚持前者，徐沛欣坚持后者。

在二人矛盾无法调和后，风险投资方支持徐沛欣，杨涛也选择站在徐沛欣一方，董事会决定让李阳和妻子王爽离开。另外两位创始人也因为内部原因而离开后，创始人团队只剩下被认为代表资本意志的徐沛欣。2012年9月，苏宁宣布以6 600万美元收购红孩子，红孩子变成苏宁的母婴频道。

（8）过于依赖合作伙伴的模式迟早出问题。

很多创业者在前期创业的时候都会因为资金准备不足、环境因素等而选择创业合作伙伴。选择创业合伙人也是一项技术活，选的如果不好，就会导致创业的失败。巨鲸便是因谷歌中国而崛起，也因谷歌中国而衰亡。

巨鲸由姚明、姚明经纪人章明基及陈戈共同参股成立，三方出资规模达到2 000万元。借助姚明巨大的明星效应及音乐正版说服力，巨鲸很快又遇到"贵人"——谷歌中国，双方一起推出谷歌音乐搜索。这一合作不仅使巨鲸获得1 500万美元的投资，更重要的是让巨鲸获得巨大资源和收入。

在谷歌中国入股并达成音乐搜索合作后，巨鲸彻底傍上了谷歌中国的大腿，失去谷歌中国技术、流量、资源支持后，巨鲸又一直对谷歌心存幻想，未能拿出有卖点的产品，未体现出新发展思路，导致自身在陷入被动后迟迟无法扭转危局。2010年，谷歌宣布退出中国，让一切戛然而止。

另一家公司云云有着类似的遭遇。作为一家谷歌精英创办的搜索引擎公司，云云本想依托早期投资方新浪这棵大树进入社交搜索领域。本来，在搜索市场格局大致已定的情况下，去做社交搜索就有些堂吉诃德式的冒险，新浪微博的资源也不能充分满足云云团队做大的希望，云云创始团队最终只能出走。

农村互联网如今已经被推上风口，很多返乡人士都更喜欢选择在农村创业，而现在的创业，如果抛开互联网，真的很难，农村互联网才处于刚刚起步的阶段，创业者选择农村创业，还会面临很多问题，而这些痛点也是农村创业者面临的共同问题，如何解决好这些问题，事关农村创业的成与败。

农村创业的痛点

资金问题

任何创业项目，任何地方的创业，都离不开一个共同的问题，资金问题。现在创业项目可谓是铺天盖地，选择余地很大，风险也很大，而最关键的就是怕亏钱，农村创业并不能像一些巨头一样可以用钱去砸，个人创业者不具备这样的条件，只能选择稳定点的，还有短期能看见效果的,比如农产品今天卖出去了,必须要能拿到钱,周期不能太长。

　　农村创业都是拿着自己的钱创业,说句实话,每一分都不敢乱花,而今互联网时代,互联网金融也快速布局农村市场,资金问题已经不是创业的首要问题。对于资金问题,农村那些事给大家的建议是,尽量用外部资金来展开,不要把自己和家人的钱全部投入进去,一旦无法快速变现,势必会引起家人的反对,甚至影响正常的生活。

　　农村创业开始,都是小本进行的,大的投资不可取,战线长回本慢,也会将创业者拖垮。也不建议进行合伙,与其他人合伙进行,会产生很多利益上的冲突,农村那些事小编建议大家,获取前期资金时可以通过借钱(现在网上也可以借钱了,但要慎重),试探性地投入,看看产出效果,也可以采用众筹的方式,一来可以看看产品的认可度,二来获取前期的种子顾客,为创业起步打好基础。

　　宣传推广问题

　　在互联网时代,任何创业项目都需要让别人知道,也就是宣传推广,而从淘宝或者微信,能够自然获得的顾客可谓少之又少,很多时候需要去推广,获取流量,提高产品的曝光率。农产品也好,其他项目也好,农村创业者,不可能一开始就去注册一个公司,也没有专门的推广宣传部门,很多时候都是要自己一点一点地去做。线上线下的推广方法都很多,效果都各有不同,当然推广也是一个烧钱的事,而且效果不一定很理想。笔者建议,不如利用一些免费的平台,认真下功夫做好产品文案,淘宝、微信,这些都可以好好利用。有时我们打开一些众筹平台都会看到一些农产品成功的例子,参与度很高,能筹到的资金也不少,可以值得创业者尝试。众筹筹到钱不难,关键后期的发货和售后问题需要认真对待。

　　产品信任度问题

　　一般农村开始创业,不会一来就去注册公司,也不容易取得什么资质认证,能够让大家满意就看互相的信任了,大家看到的是无法保证的问题，比如是不是原生态，有没有打过农药，是不是真的农村自产的，等等一系列的问题，都是农村创业者需要面对的。特别是吃的东西，都需要资格证书，淘宝上也如此，如果是规模生产，还是建议弄一些能够证明的文件，比如找村委会开一些证明，虽然现在注册公司不会花费很多，对于农村创业，刚刚开始还是不可取，公司后期的成本还是不容忽视的。另外还是要通过网络或者店铺公开产品的生长环境，加工制作过程，才能建立起足够的信任度。

农村返乡创业成了一个热点，但是创业从来都不是一件简单的事情，需要面对的问题远远不止我们看到的这些。虽然困难重重，但是机遇也很多，抓住互联网，运用互联网技术，可以让创业便捷很多。

6 "互联网+"时代的农村创业商机

7月14日,财政部、商务部公布:2015年电子商务进农村综合示范工作的200个示范县名单,国家计划安排20亿专项资金进行对口帮助发展农村电子商务。重点支持中西部地区,特别是老区的农村电子商务发展,资金的使用重点向建设县、乡、村三级物流配送体系倾斜。在新公布的200个示范县中,中西部县区占82.5%,贫困县占比超过43.5%,每一个试点县将获得1 000万。

资金使用要求规范使用在三个方面:

第一,建立完善的县、乡、村三级物流配送体系;

第二,用于支持县域电子商务公共服务中心和村级电子商务服务站的建设改造;

第三,用于支持农村电子商务培训。

现将地方通过竞争性方式选出的电子商务进农村综合示范县名单予以公布。请电商、物流、商贸、邮政、供销、金融等各类企业和个人积极参与农村电子商务工作。

解析国家政策背后的创业商机。

党的十九大以来,国家对农村扶持政策不断加大,农村电商支持力度空前,为农村电商、农产品电商、农村物流、农特微商将引来一股新的创业商机,具体会有哪些机会呢?下面就让我们一起解读一下接下来的各种创业商机。

6.1 农村电商、村淘创业

当前电商平台渠道下沉成为主流趋势,京东、阿里等电商平台在县域、农村电商杀得火热。中国一线城市的互联网网购人群4.5亿左右,县域及农村电商市场超过9亿人口。随着农村互联网的快速发展,农村电商将出现井喷式的发展,农村电商创业迎来重要的商机。

农村人群有着特殊的现状:农村用户处于分散居住的现状;农村互联网购物还处于萌芽状态;农民口袋逐步富裕,对品牌商品的需求逐步提高,但缺乏购物途径。

【创业建议】这个时候发展农村电商、村淘站点,是一个不错的商机,可以参考其中的创业模式。

(1) 借平台创业模式:阿里村淘、京东农村电商模式。这需要向平台电商申请,同时具有一定的门槛。

京东目前招募和签约数万乡村推广员,县级服务中心超过100家,今年计划开设500家县级服务中心。据了解京东对县级服务中心的全国布局从今年年初开始,目前百家县级服务中心和万名乡村推广员的第一阶段目标已达成。

(2) 自主创业模式:集中本地用户的需求,集中向各大平台下订单模式,这种模式可以带动更多的农村互联网新锐人群的创业。

【创业成功率】★★★★

【商机评估】可行性大,创业风险较低,不需要有库存风险,需要在部分具有互联网基础的农村试点,运营者需要具备一定电商运营经验,关键是要解决与农村用户之间的信任、价格、产品品质、便捷的服务是关键。

6.2 县域农村电商物流创业

县域经济电商物流创业是当前非常好的商机,全国的快递网络都能够到达县级城市,但要从县级覆盖到村级的物流,这是当前所有快递的一大软肋,不仅仅是普通快递包裹,还包括大家电等品类的物流需求。京东、阿里菜鸟等各大电商平台为了布局农村电商,都在通过各种的模式推动县到村级的物流网络建设。

阿里的农村物流战略中明确,要在 3~5 年内建立 1 000 个县级运营中心和 10 万个村级服务站,覆盖全国 1/3 县及 1/6 农村。

顺丰布局全国农村网络,双向商流+物流通吃。据说顺丰已全面铺开农村网络,乡镇达 1.3 万个,相当于全国约 40%乡镇。方法:顺丰鼓励员工回乡创业,把顺丰的服务网点下沉,内部创业直营模式建立乡村站点,把快递送到乡下同时推动"城乡购"将土特产通过微店卖出。趋势看,顺丰这是将农村双向的商流物流通吃。

【创业建议】建立县级快递服务站,承接对三通一达、顺丰、宅急送等快递企业县级网点合作,单一一个县的包裹流量相对来说是比较少的,如果做县级快递节点站,可以对于快递企业也是欢迎的。在县到村的配送方面,如果包裹量集中,可以采用小货车配送,或者借助社会化模式整合资源,完全可以采取 Uber、滴滴打车的众包模式。

【创业成功率】★★★★

【商机评估】可行性大,创业风险低,主要需要搞定快递企业个大区区总,同时对于电商快递包裹流量是否稳定,进行风险评估,然后就是自己的社会化的运力资源的整合和调度能力。从商业模式上看,如果打通了县到村级的物流,对于农产品进城+工业品下乡都有价值。

6.3 农村刷墙创业

某农村刷墙公司年入几千万,被估值 10 亿。刷墙的商业价值:抓住农村互联网的入口;运营方式:招募 20 余万网络村官,线下推进,雇用农民;数据:整合农村 1 万家小卖部对乡村用户分析;策略:策划农民打交道的语言刷墙……上游对接各大想进入农村市场的电商品牌、互联网品牌、家电、快消等。

【创业成功率】★★★

【商机评估】农村刷墙，典型的是农村广告的导流入口。就像城市电梯分众传媒一样，路口的地方是广告的重要阵地，而且低成本的位置、低成本的社会化众包劳动力。重要的挑战：

（1）如何获得上游的广告投放客户，特别是抓住品牌进入农村的客户；

（2）如何组织社会化的资源去刷墙；

（3）需要有一定创意的设计，结合农民的语言。

6.4 农产品电商创业（F2B 和 F2C）

农产品直供模式即 Farm to Business，当前主要聚焦在城市本地化为主，消灭中间的渠道，直接将产地与城市酒店、食堂、学校、机关等机构对接，这样的模式已经在全国各地出现，而且有的已获大额风险投资。我这里要说的不是要去搭建这个平台，作为上游的平台，他一定是多农业基地对接的，我建议的是农产品产地（基地端）的创业者，去帮助农民规划指导种植，然后对接上游平台，因为农民不懂电商、也不懂集中采购、订单农业，这需要新时代的新农人以创业的形式去组织，去对接。

线上多渠道模式 Farm to Customer，对于多品牌农业基地的产品，一定可以借用淘宝等平台，推动 F2C 的模式，直接从农场对接家庭，而且可以采取预售和订购模式，或者叫代养、代种植模式。

【创业成功率】★★★★

【商机评估】这个创业机会是值得大家探索，传统农场主根本不懂互联网、也不懂品牌，跟本没有商业化思维。如果年轻的朋友在这个领域去整合，帮助农民推动以上两种模式，具有重要的商业价值。

6.5 农特微商创业

2015年起农特微商全面暴发，如果你那里具有地标性的特产，具有农特微商的基础，那完全可以参与农特微商创业。我们正在推动万人农特微商创业孵化平台，农特基地方面已经聚焦了600多个全国农特基地，重点扶持50大农特基地。全国建立20大农特微商创业孵化园，所有对接农特微商基地产品的渠道创业者，同样可以申请渠道创业。同时农特微商还打造全网的快物流通路，干线+城市配送的快物流网络。

国家高度重视"互联网+农业"的新商业模式，农特微商以全新的商业模式带动行业发展；落实万人创业孵化万众创新的国家战略；推动产业流通变革，以新型C2B的扁平化供应链订单农业模式。

适合农特微商创业的对象如下。

（1）基地：地标性农特产，具有独特价值的农特单品。产能稳定、品质可控，适合于当前的物流承运。大型基地最好走品牌化的策略，中型基地和单品走众包的品牌思路，小型的单品那就玩的心态运营。

（2）渠道：只要你会玩社群，参与农特微商的天使会员现在都在快速成长孵化，农特微商会给他们推荐靠谱单品，然后协同基地，空手起家玩社群营销，玩转一个单品后，注册一小公司（申请农特微商平台孵化），如果有可能，搞几次O2O体验，名气出来了。2017年7月14日商务部、财政部的政策明确了200个县每个县扶持1 000万的资金，完全可以联合基地申请扶持款。

或者自己建立独特的微商运营体系，在农特微商大平台申请多个单品玩转农特微商。

【创业成功率】★★★★★

【商机评估】农业是一个大行业，每一个人1/3的工资都是被吃掉的，所以农特微商，在社交电商时代，具备重大的创业价值，一万人创业都不够，可能要带动百万、千万人的创业，每一个吃货，都可以是一个独立的创业者。农特微商是每一个人都会参与吃货微商创业的商机。湖南有三个大学生，20天操盘农特微商，卖出40万价值的土蜂蜜。所以这个对于大家来说，是非常有价值的机会。如果要申请农特微商创业可以加入农特微商万人创业孵化平台

6.6 农村O2O服务平台创业

这里要特别说明的是O2O服务平台，不是单一的物流、电商。以日日顺为例，日日顺在全国布局了2万多个村级服务站，日日顺的服务不仅仅是物流，包括家电送装、以旧换新为一体的综合服务平台，以服务家住农村家庭的消费入口，拥有足够大的商业机会，而且可以衍生出团购等价值。

【创业成功率】★★★

【商机评估】O2O的服务是建立村级服务站的重要网络，如果全中国主要的农村市场都建立O2O的村级服务站，这将有重要的商业价值，不仅仅是京东、阿里要和你合作，其他诸多品牌要布局农村市场的，都会抢着跟你合作。最大的挑战是如何布局这张网络。

6.7 农资集中采购平台、农机融资租赁创业

农村集中采购平台其实按理说是供销社的事情，但国企的体制，中国的供销社没有一个玩转互联网的。所以"互联网+农业"发展的今天，应该尝试被变革了。结合农村对农资、种子、农业机械的需求，完全可以搭建一个农资的集中采购平台。如果涉及重大的农业机械设备，还可以和金融机构推动融资租赁模式，获得更大的商业空间。

【创业成功率】★★

【商机评估】这个领域具有商机，但是需要有多维度的资源支

持,各地供销社可能还会设立有门槛,尚未完全社会化,建议要玩这个创业的选择发达的地方,而且互联网影响程度比较高的农村。同时最好在资本的驱动下,与县级和市级的相关部门对接,然后协同借力推动,这个领域的商机是绝对有的。

6.8 农村电商培训创业

2017年7月14日商务部和财政部新政中,中央的20亿扶持农村电商发展,有一个重要方向就是用于支持农村电子商务培训。整个新农业的发展培训是一个重大的市场,需要有互联网新思维的人,走下去,走到县域和地方进行交流培训。适应地方的针对性电子商务培训,实现农村群众的互联网扫盲,让他们看到了"互联网+"农业的新发展机遇,特别是对于他们的地标特产的互联网化。

【创业成功率】★★★★

【商机评估】这个商机既迎合政策的需求,又以培训带动创业、创业带动就业。特别是农特微商全国目前布局20多个农特微商创业孵化园,带动基地和渠道玩转农特微商,当前已经申请农特微商天使会员的朋友,会逐步孵化成导师,不但自己会操盘农特微商,接下来还会影响和带动一批人。如果你会玩淘宝、会玩微商,尝试推动地方农村电商创业培训是一个不错的价值。

6.9 农村旅游平台创业

农业互联网化,带动的不仅仅是商品买卖和服务,另一个产业旅游业也是巨大的商业价值。如全国地标性特产的地方,搭建农村旅游体验的大平台,以吃货体验+乡村游+订单农业+互联网营销为一体。2017年6月,农特微商知名品牌,互联网燕窝第一品牌"简小姐燕窝",就组织了一场走进马来西亚的燕窝寻燕之旅,获得了非常有价值的效果。

【创业成功率】★★★★

【商机评估】这个商业模式不需要太多的商业化的推进,只要整合全国具有特色的农业基地、农特基地,然后搭建吃货旅行粉丝为群体,可以玩出很多的商业模式。

6.10 "互联网+"开启农村大众创业新篇章

2015年"互联网+"进入政府工作报告,催生农村创业新时代。继党的十八届五中全会后国务院印发了《关于为促进农村电子商务加快发展的指导意见》〔2015〕78号文件,文件中明确指出农村电子商务是转变农业发展方式的重要手段,是精准扶贫的重要载体。农村通过大众创业,万众创新,并发挥市场机制作用,加快农村电子商务发展,推进农业升级、农村发展、农民增收。"互联网+"是农村大众创业一个崭新课题,同时也是时代的召唤,它将开启中国农村建设新篇章。顺风而呼,则闻者彰;顺势而为,则事善成。在互联网席卷整个中国大地的影响下,在"双创"引擎的拉动下,农村大众创业已然为改革其流通体制、创新农村商业模式提供新的机遇。农村大众创业在"互联网+"的平台上表现其蓬勃向上的生命力。伯德(Bird)指出,创业意愿是个体的一体心理状态,在其引导下个体自愿投入大量的时间、精力以及行动去追求某一机会或实现某一目标,而这种心理状态恰如其分地反映了个体深层次的心理倾向和动机。在彭艳玲、孔荣、Galum G. Turvey《农民创业意愿活跃程度及其影响因素研究》一文中指出农民创业意愿活跃指数为0.844,反映了农民创业意愿活跃程度较高。在如此高的意愿需求下,却只有极少数真正愿意留在农村创业,其中不乏各类影响因素,如创业资本、创业经验与胆识、政策支持、创业平台等等,"互联网+"为农村创业提供新的路径。

"互联网+"为农村大众创业提供新思维模式。随着电子商务的大力发展,互联网已走进了农村的千家万户,这为农村的发展开创了新的局面。通过互联网可实现农户与消费者直接沟通,建立农业生产者与农产品消费者风险共担、利益共享的合作模式。这种模式主要是指城市社区居民通过预付款加入农场成为会员,农场按照事先约定组织生产,会员可参与生产或采摘过程,或定期配送到家。这种农业的社会化模式,在很大程度上消除了供销差价、信息不对称、农产品生产者议价能力低等不利于农户销售的因素,极大地提高了农村人大力生产的积极性,并为农村人创业提供了新的思维模式。

"互联网+"破解农村大众创业融资困境。在广大的农村,农民普遍存在着贷款难、难贷款问题,不仅不利于农民创业,影响了农民增收致富的步伐,而且阻碍了农村经济的快速发展,农民创业迫切需要因地制宜、创新工作思路方法,多方破解农民融资难题。互联网在农村的普及,为农民创业带来了新的融资模式。目前互联网金融为农民创业提供了6种方式。分别是第三方支付、P2P、众筹、大数据金融、互联网金融门户以及金融机构互联网服务。这几种方式的开启第一大大降低了融资成本。第二互联网业务流程的标准化和信息审核的标准化,有效降低了人工审核的不公允风险,使得评估更为客观,农民能享受公平的贷款服务。第三覆盖更广,在互联网金融模式下,农民不受时间和地理空间的限制,通过在互联网上寻找需要的金融资源,服务更直接,受益面更广。"互联网+"为农村大众创业带来了新生命军。纵观中华民族五千年文明史,创业创新一直属于少数社会精英所为。但如今的农村创业队伍已如雨后春笋般涌现,"大众创业"热潮风起云涌,农村创业之风已悄然形成。农村大众创业必将成为其经济发展的不熄引擎。青年愿创业,社会则生机盎然;青年争创新,国家则朝气蓬勃。1993年美国总统提出"信息高速公路"的概念,这一概念的出现,田溯宁便感到了互联网对社会经济的战略意义,便与丁键在美国成立了亚信公司。党的十八大报告中多次提到了"互联网+""双创""新型城镇化"等词,大量的返乡农民工,大学生、社会青年投入建设新农村的事业中。人们常说,村民富不富,关键看支部;支部强不强,要看领头羊。"互联网+"的发展吸引了大批具有创新意识、技术敏感、有责任担当、能力水平高的人才进入农村，必将能够成就一番事业，造福一方百姓。

"互联网+"成为农村大众创业新政策的"风暴眼"。在习近平大农业思想的号召下，国务院出台了一系列惠农富农强农的政策，为农村人创业搭建舞台。要创业就必须要有会创业敢创业的人，国家为提高农民素质，培养新型农民队伍，把培养青年农民纳入国家实用人才培养计划，确保农业发展后继有人。把加快培育新型农业经营主体作为一项重大战略，以吸引年轻人务农。以培育职业农民为重点，建立专门政策机制，构建职业农民队伍。针对农村基础设施暂时落后等问题，提出要建立城乡基础设施互联互通，投入建设、运行管护机制，积极引导社会资本参与农村公益性基础设施建设。针对农村结构布局不合理的状况，应坚持以市场需求为导向、科技创新为手段、质量效益为目标，引导农村创业向无公害农业发展，鼓励农民搞农业旅游、做农产品深加工、传承挖掘发展特色产业，突出其民族特点和地方特色。

6.11　十七大农村创业的经典赚钱模式

致富道路千万条，看你会选不会选。下面介绍的17种农家致富项目，有一定的启示意义，希望农民朋友结合自己的实际情况，因地制宜，做出自己的选择。

（1）搞特色种植。种植特色优良水果品种和紧缺经济药材，比较容易找到市场。条件好的也可搞生产加工一条龙。

（2）大棚蔬菜受欢迎。大棚种植能填补季节造成的果蔬空缺。尽管大棚已很普及，但只要选准品种，还是大有赚头。

（3）养殖加工前景好。近年来养殖品种不少，除传统养殖项目外，还可养殖宠物，如猫、狗、鸟、鱼等。

（4）农闲也要把钱赚。农闲时可组织老人、妇女、孩子，加工制作手套、绢花、手工编织毛衣、编织花篮、花筐、垫子等工艺品，青壮年可出门打工做买卖。

（5）袋装小菜有前途。若住在郊区，可将蔬菜洗净，装袋后送往城内居民区。

（6）在农村开家旧货店。从城里收购一些旧家电、旧家具、旧五金器具、折旧翻新卖给农民，也可回收农民家里的旧家具再进行翻新加工出售。

（7）开一个租赁店。新兴起的租赁行业在农村也大有作为，开展种猪、种牛、种羊、耕牛、劳力出租，农用运输工具如货运汽车、拖拉机、农用三轮、农用机械出租及一些建房工具如打夯机、脚手架、脚手板、小型拌浆机等的出租。

（8）庭院经济大有可为。充分利用农村庭院大的优势，合理规划、科学养殖，发展鸡、鸭、鹅、猪等畜禽养殖业，也可栽培葡萄、杏、樱桃等果木及花卉产品。

（9）从事温室花木繁育。建造温室，发展园艺、盆景、花木、草坪、树苗培植，搞批发零售兼营或将鲜花送往城里的鲜花店。

（10）买辆货车搞运输。将农产品果木、畜禽等运出去，将城里的生活用品拉进来。也可以买一辆小客车搞客运。

（11）建个交易的休息服务大棚。

农村收购，一般在地头，固定的建筑物比较难找，可以考虑临时盖个简易的竹木大棚，面积要足够大。准备一些桌椅板凳，专营茶水饮料和简单的饭食，为来交易的群众做好服务。只要服务态度好，干净卫生。收购期内，收回成本并有盈余应该不会是啥困难的事。

（12）贩运。

市场一但形成，客商云集，多家收购者开磅收购。周边的种植户就会纷纷前来卖货，市场上人气聚集，开始活跃起来。

（13）农村人现在也注重孩子的早期教育，如果你能歌善舞，富有爱心，家里住房宽敞，可考虑开办一家幼儿园。开幼儿园的主要投资是购置玩具，可量力而行。每名幼儿每月学费20元计算，一年10个月约为200元，招收30名幼儿的年收入约为6000元。

由于越来越多的农民工兄弟远离家人和孩子,所以造成年迈的父母孤苦伶仃和幼小的孩子不能受到良好的教育。您可以尝试提供一个这样的环境,培养留在家乡的儿童,着重素质教育,如电脑学习、体育培训等。同时给年迈的父母提供散心的场所。此二者皆可以为您自己致富,同时又可以造福于乡亲。

(14)开办家庭旅店。

如果你家位于旅游名胜风景区附近,或位于去风景区必经之路,家庭住房宽敞闲置,可考虑开办一家家庭旅店。以4间房为例,可设单人间、双人间、4人间、8人间,收费标准分别为每人30元、20元、10元、5元,可给住店客人提供饭菜,收取一定的费用。办家庭旅店一次性需一万元投资,但物品可长期使用,只要注意干净卫生,定能吸引客人。

(15)开一家农村用品租赁店。

农民在生产和生活中需要的工具很多,但一家一户不可能购全。有条件者,可投资一万元左右,购一些农民必用物品出租,收取租金。可出租的商品大致有三类:一是婚丧之事用品,如婚纱、相机、厨具,摆酒席用的桌、凳及酒具等;二是建筑用具,如模板、手推车、储水罐等;三是小型农机,如播种机、脱粒机、铡草机等。可采用滚动发展的方式,逐步添置。

(16)开家农资专场店。

在人口较多的村子或乡镇所在地,租一家沿街门店,开办一家农资专卖店,出售种子、农药、农膜等生产资料。投资需一万元左右,由于商品是农民生产中必需之品,使用数量较大,是一个很好的投资项目。如自己资金不够,可考虑和县城或省城大店联营,获取专卖的利润。

(17)开一家美发店。

乡村理发美容是个空白,很具市场潜力,男女青年可学会美容美发技艺,将店开在乡镇所在地。一万元足够学费和购置美发、美容设备。如经营得当,每月利润当在2 000元以上。上述项目比较简单地介绍了农村市场的一些商机,具体的运营还需要您自己仔细衡量。

7 我国农村电子商务发展现状及未来

随着时代发展，工业信息化已经取得了巨大成果，而农业信息化、农村信息化，作为新农村建设的一个重要手段和目标，起到的作用不言而喻。而农村电子商务，作为农村信息化农业商业方面的体现之一，成为推动农村经济发展、农民生活水平提高的重要推动力量。农村电商指的是以网络系统及信息技术为支撑、以农产品的生产经营为主体，进而开展的农业生产管理、农产品网络营销、物流及客户关系管理等一系列电子化的管理活动。农村电商的实质便是通过现代化的信息技术及手段为农村、农业及农民提供服务，从而促进农村社会的全面发展。

鉴于农村市场的巨大潜力，中央政府将"三农"作为核心工作，不断出台各种推动农村互联网发展的政策措施，成为农村电商发展的政策保证。2014年，国家农业部开展了"信息进村入户"工程，计划在北京、辽宁、吉林等10个试点省市建成一批村级信息服务站；国家商务部则推出了"电子商务进农村"的示范计划。2015年10月14日国务院总理李克强主持召开国务院常务会议，决定完善农村及偏远地区宽带电信普遍服务补偿机制，缩小城乡数字鸿沟。

部署加快发展农村电商，通过壮大新业态促消费惠民生；确定促进快递业发展的措施，培育现代服务业新增长点，奠定了发展农村电商的政策基础。

7.1 农村电商的发展现状

农村电子商务的三种模式

7.1.1 A2A 模式（agent to agent）

这里的 A2A，是 agent to agent 的简写形式，A2A 是指电子商务中的生产者和消费者都通过代理人来参与电子商务过程。应用这种模式比较出名的有"兰田模式"和"娄底网上合作社模式"。

7.1.2 A2C 模式（agent to consumer）

A2C 是指在电子商务市场中，生产者或者销售者通过代理人与消费者之间产生营销关系的一种电子商务模式。近年来，涉农产品网络经销商在农产品产地大量涌现，他们在淘宝等综合性电子商务平台上开设店铺，从农户或者农业生产合作社手中收购农副产品作为自己的货源。为当地农户和合作社找到销售渠道的同时，也为自己带来了代理收入。这些网络经销商，就是 A2C 模式中的代理人（agent）。

7.1.3 C2C 模式（consumer to consumer）

C2C，即 consumer to consumer. 是指个人卖家与个人买家之间直接通过平台进行交易的电子商务模式。这种电子商务模式并非农村电子商务的特色，在电子商务领域非常流行。按照中国最大的 C2C 电子商务平台淘宝网的统计，2010 年，C2C 市场交易额超过了 4600 亿元，淘宝网商数量超过了 106 万。可以说，目前的 C2C 电子商务非常繁荣。然而涉农 C2C 的起步却很晚，直到 2011 年才开始崭露头角。在农业 C2C 中，经常提及的是楼家蜜蜂园和沙集镇模式。

7.2 农村电子商务的常见平台

7.2.1 第三方电子商务平台

第三方电子商务平台包括以下三种形式。

(1) 大型零售网站平台。

淘宝网、拍拍等 C2C 类型的第三方电子商务平台,可以进行农产品或者农业用品的交易。这些网站拥有一整套的销售流程、支付方式和信用管理体系,直接隐藏在平台背后。

(2) 综合类 B2B 电子商务平台。

B2B 电子商务平台主要开展批发业务,阿里巴巴等大型 B2B 电子商务网站,都有小额批发业务,而对于大多数时间需要从事农业生产,希望产品可以快速打包出售的农业生产者来说,B2B 是个不错的选择。

(3) 农业网站。

目前,我国已经陆续建立起一批农业网站,包括农业专业网站和地方政府的农业信息门户。这些网站除了介绍农业政策、农业新技术等,有不少网站开始关注农业市场,提供农产品价格信息,市场趋势分析等,来指导农业生产。一些做得好的农业网站,甚至建立了电子商务板块,用于进行农产品的网上交易。

7.2.2 自建网站

当电子商务兴起之后,一些思想比较先进并且具有一定计算机水平的农户或农业商人,开始模仿品牌企业,在网上建立自己的销售网站。

7.2.3 其他网络平台

除了通过上述两种网络平台进行农村电子商务活动外,农村电子商务有时也会用到公共网络交流平台和搜索引擎或者门户网站平台。

7.3 农村电商存在的问题

7.3.1 农村信息基础设施较差

信息基础设施是网上交流的前提，是开展电子商务的先决条件。而在我国，各地区发展并不平衡，在信息基础设施建设方面表现得尤为明显。在东部沿海等经济发达的地区，有线或者无线上网的基本设备都已经铺设到每个村民的家门口。而在中西部地区，在农业人口比重更高的不发达地区，互联网络主要分布在城镇。乡村的基础设施则比较落后和残缺，有些乡村网络建设还是完全的空白。

7.3.2 农民思想观念保守，存在严重的怕风险意识

由于我国农村生活水平较为落后，农民的思想观念保守，因而使得广大农民接受新鲜事物存在一定的难度。而农民文化水平普遍不高，再加上思想封闭，因而并不十分认可电商。除此之外，针对电商业务开展相应服务的单位及组织也比较少，难以向广大农民群众及时传播先进的农业科学信息及市场信息。作为一项新型的在线支付交易方式，电商买卖双方无须见面交谈，只通过网络便进行交易，因而采购商可能毁约，存在一定的风险性。再加上农民每年的收入十分有限，难以承担风险导致的经济损失，小农意识强烈，十分惧怕风险，使得电商在农村的运作与发展受到了较为严重的阻碍。

7.3.3 农村缺乏健全的物流体系

我国农村地域及人口分布广泛且偏僻，这也导致了农村的交通运输落后，物流技术难度大等问题。大部分物流公司的配送范围未能延伸至乡镇地区，一些比较偏远的农村地区更是在物流配送范围以外。由于缺乏健全的物流体系，一些农村电商的需求难以得到充分满足。

由于缺乏专用的农业运输技术设备，现有的技术装备比较落后，鲜活的产品极易发生腐坏，再加上农村交通不发达，配送点分散，因而对农村电商的发展有了直接影响。

7.3.4 农村电商缺乏政策法律规范

除了为数不多的村镇政府携手企业、农户建立了农村电子商务示范村，大多数的农村电子商务的萌芽和发展，国家和政府没有明确的规划和发展方向方面的指导。农民因为自身文化素养与眼界方面的狭隘，对经济发展和市场动态变化并不敏感。关于农村电子商务，到目前为止，没有发现有专门的法律法规。其实，农村电子商务中出现的或者可能出现的问题更多，甚至更为严重。农村电子商务中涉及的农产品缺少相关的质量评价机制，对于质量的评价，只能通过一些粗糙的手段，容易造成商务纠纷。

7.4 促进农村电商发展的有效策略

7.4.1 加大信息化基础设施的建设力度

作为一种网络应用，农村电商只有不断加大基础设施的建设力度，将农村当前的网络环境进行改善，方可为农村电商的发展打下扎实的基础。通过加强网站建设，提高因特网宽带服务，建立起综合性农村信息化网站，从而引导广大农民积极主动进入市场当中，并参与电商活动中，将自己种植的农产品发布在网上，与商家就产品信息进行交流，为电商业务的开展创设有利的条件，让广大农民群体真正感受到电商的优势。

7.4.2 加大农民文化教育力度

农村电商的开展与农民文化程度有着紧密联系。因此，需加强对农村电商人员的教育与培训，聘请电商成功的企业家来农村开展相关讲座，有机结合电商与农产品，选派专业人员指导农民自己动手操作电商的各项业务流程，使其对网络给生产、生活带来的便利与效益有一个深刻的体会。除此之外，鼓励相关专业的大学生及人才投身到农村基层当中，指导农民应用电商积极开展网络交易，从而为农村电商的发展提供可靠保障。

7.4.3 促进农村物流配送的优化

为促进农村电商的长远发展，建立健全的现代农村物流配送体系，并利用先进的网络技术完善农产品传统流通模式尤为重要。因此，开展电商业务的农民应首先规划好农产品的运输路线，将配送距离尽量缩短，在降低运输成本的同时，实现生产经营效益的提升。

7.4.4 进一步完善国家相关法律政策

首先，建立起完善的电商法律规定，加大市场监督力度，通过将投资环境进行改善，确保网上产品、信息技术来源的可靠性，从而促进农村电商的健康长远发展。其次，吸取具有完善的电商立法国家的经验，通过建立其与我国国情相符的电商法律政策，从而以法律为手段，来为农村电商发展提供保障。

7.5 农村电商的未来发展趋势

7.5.1 从体验型农产品，到基础型农产品

随着80后、90后消费人群的成长，农产品的电商消费也从办公室走向客厅，进而走进厨房，占领冰箱，接下来更多的基础型农产品将逐渐成为消费主打。

7.5.2 从个性化店铺，到品牌化卖家

小而美卖家会继续发展，新互联网品牌也将不断崛起，如三只松

鼠、百草味等年销10亿的卖家会更加常见。

7.5.3 从县域产业升级，到区域经济崛起

从特色中国在潜江对小龙虾产业的再造，到1688源生鲜的供应链升级，再到更多的农业资源大省，如云南、新疆、广东等在各地推动的农产品电商发展实践，农产品电商将成为区域经济发展的强大推动力。

我国农村电子商务的发展水平由于受到各地区经济水平、信息基础设施建设情况以及农民的信息意识方面的影响，呈现出比较明显的区域差异。在现阶段，出现了不少成功的案例，但是同时也有很多地区，难以顺利开展农村电子商务。

在当前环境下，使我国农村电子商务分为A2A、A2C、C2C三种类型，依赖的平台也多种多样，建设第三方网络平台上，或者自建网站实现电子商务，都是比较常见的农村电子商务形式。而搜索引擎、门户网站、即时通讯工具等其他类型的网络工具也开始成为农村电子商务的平台工具或者营销途径。

信息基础设施环境、民众对于这些服务的知悉等方面存在的问题，是农村电子商务发展在信息环境方面受到的制约因素。国家政府的规划、法律条款等方面的不足，则是农村电子商务发展在软环境方面的影响因素，农民自身的限制、农业生产的缺陷，也是农村电子商务发展的制约因素。

发展农村电子商务，还需要我们的政府、企业和农户个人不断的努力。多样化发展之路，以点带面的发展形式是我们应该遵循的总体方向。本着因时制宜、因地制宜，多样化、分层次的原则不断推进农业电子商务的发展，我国必将迎来适合我国发展的农业电子商务之路。

7.6　农村创业项目举例

城市！对于一个农村人来说，是天堂。繁花锦绣灯火通明的景象仅是过眼云烟，虽身处天堂却是小鬼身份，融入不仅需要放下本来便不高的身段与面子，更需要付出比城市人百倍千倍的努力，这种努力，其见效慢到甚至到下一代才会显现出来。

城市！对于一个农村人来说，也是地狱。劳其筋骨饿其体肤的状态是家常便饭，干着城市人不屑的活计，挣着跟家乡一样的血汗钱，回家时的光鲜仅是昙花一现，其中的甘苦只有自己清楚。

回家吧！纵然灯火不明道路泥泞，但却空气清新麦香扑鼻；回家吧，即使衣着朴素乡音不减，但却笑容亲切言语真诚。有父老朝夕相处，有儿女环绕膝前，这种日子，对离乡背井的人来说，不是天堂，胜似天堂。

再说，城市拼搏的日子也不是虚度，花花世界的尔虞我诈让我们更加成熟，欣欣向荣的竞争手段让我们眼界大开。谁说只有城市才能辛劳致富？谁说乡下就不能成就事业？回家，对于一个有理想的城市打工者，带回的不仅是拼搏数年的积蓄，更是一种思维模式的革命，在还未被完全开发的家乡，我们有太多的想法，这一切，都是成功的开始。

7.6.1　种植：新时代新农民

对农民来说，这是最好的时代，中国五千年的近百代农民，终于享受到了种地不交公粮，国家还给补助的待遇。这个时代，多少蒙头拼杀出去，获得城市户口的前农民们都后悔户口没在老家。城市户口不再吃香，农村户口反而是一种身份的象征了。

回乡创业选择种植业，不是任何地方任何人都可以的。首先要考虑当地土壤情况及农业产业环境，种什么能收？种什么好卖？这都是决定性的问题，不要相信网上那些什么特种种植保种保收的消息。不能说他们都是忽悠人的，但以盈利为目的的企业不会永远将风险一肩扛。我们还是老老实实地考察一下家乡有什么规模性的农业产业，好好取取经，随大流不丢人，最起码保证了销售的问题，只要有足够的资金投入，稳定的收入还是可以保证的。

如果您想搞一个当地没有的项目，开创当地的种植新潮流。没关系，请首先考察一下当地甚至方圆200公里内的市场需求情况，以及这个产品在五年内的国内市场需求情况，如果在两三年内，这个产品价格高，供应紧缺，请尽量不要选择。为什么说两年到三年？根据市场经济的利益驱动及农产品种植者的选择心理，市场上某一个农产品的波动周期便是2年到3年。甚至某些农产品的价格起伏是以1年为周期的。2011年的"蒜你狠"由于太狠，此后的四年时间，蒜价都维持在较低的水平，因为什么？因为种蒜的农民伯伯们愿意用四年的时间再去碰一个"蒜你狠"！当所有人都这么想的时候，蒜也就再也狠不起来了。

有一个高三政治试题：时下，一些农民在种植品种的选择上出现了两种情况：一种是上年市场上什么东西好卖、价格高，来年就种什么，类似"刻舟求剑"；另一种是不管市场怎么变化就抱定一个品种，好比"守株待兔"。从哲学上看，这两种选择所犯的共同错误是

A. 违背了一切从实际出发和实事求是

B. 夸大意识的能动作用，陷入了唯心主义的泥潭

C. 忽视了科学理论的指导作用，实践活动缺乏目的性

D. 不承认相对静止的存在，认为事物的运动是没有规律。

这个问题的答案不是关键，关键是我们的农民父老兄弟们真的是这样种地的。这种违背了唯物主义的思维模式多年来一直大行其道。

只要土地还是由广大的农民兄弟耕作，这个价格指导选择的现象会一直存在。不过会相对好一点，今年价格低，明年再坚持一年，可能会高一点；今年价格高，再种一年，可能会不会太低。现在，很多的农民兄弟也这样想了，比之前进步了，但这个市场规律仍然没变，不过时间拉长了。这也是建议大家以两年甚至三年的市场波动情况为

参考依据，而不是一年。

　　选择了项目便面临着资金的问题，笔者在此奉告大家，一开始千万不要把摊子铺得太大，种植的投入并不是小数目。土地流转、机械人工、种子化肥农药、销售成本，这都是需要钱的。不要以为自己有十万，就可以一千块流转一百亩土地，我们都是粗人，但账不能这么算。不是每一个"朋友"都愿意赊账，你没有权力让别人与你一起跳河爬山，承担风险。

　　空谈误事，实干兴家。只要你有眼光有干劲有资本，玩转种植创业还是比较轻松的。做种植项目，挣大钱靠机运，赔本也比较困难，只要你是耐住寂寞脑袋灵活爱早起的勤快人，这个选择还是不错的。

7.6.2　养殖：最重要的是坚持

　　有一句俗语"家财千万，带毛的不算"，充分地说明了这个行业的风险性。做养殖的人伺候的都是活物，比长在地里不挪窝的植物经济效益高，风险也大好多。养殖的风险，大体归为三大类。

　　销售风险：养殖市场，在现代面临的风险简直太大了，大到有时候毫无预兆、毫无根据、毫无准备地中枪死去。一则禽流感的新闻让千万养殖户血本无归，新西兰的艳阳高照让万千养殖户挥泪倒奶，而这些，我们根本无法预料，也无法规避。你在入行前见到的，都是活下来的张扬跋扈神采飞扬。那些倒下去的有的躲在家里默默垂泪，有的转行求生苦苦挣扎，这些你都不会见到。坚持，寻求长期的经济回报，是应对销售风险的唯一途径。

　　成本控制：养殖业的成本，主要是养殖原料的价格波动，现在的中国养殖业，早已经纳入了世界经济圈，常规养殖常用的玉米、豆粕、鱼粉等主要原料，玉米收购的价格还可以由国内市场解决，豆粕、鱼粉等受国际市场影响太大了。2012年的时候，巴西在大豆的收获季节里，连续的下了一周的大雨，导致大豆都运不出来，由此导致的国际豆类制品的价格大涨。让那一季的养殖者损失巨大。有时候，很多不可抗的因素在制约着养殖者的发家之路。作为一个养殖者，不能苛求具备对国际市场变化精准的判断能力，有这个本事，早在期货市场发大财去了。只有坚持，寻求长期的经济回报，才是养殖者的生存之道。

养殖风险：这里的养殖风险，是指让这些畜禽活到出售的那一天过程中遇到的风险。其中的甘苦自不待言，你去问哪一个行内人都能够给你说一天故事，都是劳累辛酸苦，对，没有香甜的回忆，只有臭或者苦！只有坚持，寻求长期的乐，才是坚持者的生存形态。

对养殖者来说，人生就像一场马拉松比赛，重要的不是沿途的风景，也不是最终的成绩。最重要的，是呼~~吸~~呼~~吸，一步两步，一步两步，是魔鬼的步伐！~~~~呃。最重要的是，善于调整节奏，能够坚持不懈，成功地走到终点。

7.6.3 农资：不赊才是王道

农资行业，可以说是大多数人回乡创业，小本经营的最佳选择。化肥农药种子，作为农业生产经营的必需品，需求稳定，还未形成品牌效应，只要你用心做努力做，即使投入不多，养活一家老小还是可以的。

但这一切都有一个前提，别赊账啊！传统的农资经营体系，经销商订货，神采飞扬。农资经营尽管投入不大，但资金周转压力大，如果长期大量赊欠，会步入难以维继的境地。

7.6.4 中间商：轮子一转，家财千万

如果您想回乡创业，恰巧家乡已经有成熟的形成产业规模的农产品，那做"中间商"真的是您的不二选择，而前期所需的成本更小，仅仅是一辆运输车。做一个成功的农村商人，城市打拼的经验刚好能用得上，城市积累的资源也不会完全抛弃。虽说这是小本买卖，但并不是没有做大的可能。

"中间商"做大的想法。这个想法建立在传统农资周转的模式与移动互联网技术突飞猛进的基础上。我们用讲故事的形式模拟一下：

小二是一个"中间商",家乡是传统的蔬菜种植区,一年四季可以大量产出五六种蔬菜。小二以前是收购了农民的蔬菜,转运到城市的批发市场,批发给活跃在小区菜市场的小贩子们,累并快乐着。智能手机出现后,小二赶潮流买了一部二手 iphone4,装上了 QQ、微信,加上了众多同行好友。时不时的朋友圈发布一些状态图片,今天发田间收菜的图片,明天发市场批发的瞬间。渐渐的,有朋友给小二留言,农民们给他发"西红柿要熟了",小商贩给他说"黄瓜比较好卖"!小二一开始并没有在意,有一天,小二突然醒悟了。

小二耐心地用两个月的时间,收集了近两百个"小菜贩子"的微信号,建立了一个"小二批发"微信群,交流市场信息,并在自己田间收购蔬菜的第一时间,发布一条带图片的批发信息"明日 7 点,七里铺批发市场东门供应西红柿一万斤,价格比市场便宜 5 分钱,现在订购便宜 1 毛。"结果一下子订出了 8 000 斤,第二天小二就拉了 8 000 斤到市场门口,一个小时发完。立马返程,又拉了一车黄瓜回来,接着发信息出去,继续批发。从单程看,小二没赚到钱,但别的"中间商"三天一趟,经常在批发市场守株待兔等。小二有时候一天跑了三趟。这是一个什么概念?您自己考虑一下吧!

小二还打算将种菜的农民朋友也整合起来,当菜还在地里的时候就预售出去。在详细地掌握市场信息的前提下,这个方式也是可行的。在笔者看来,小二不赚钱不做大是不可能的事情。

互联网,看似遥远,其实离我们很近,有的人娱乐消遣,有的人,赚钱发财。农村创业,资源人脉也是可以利用的。

7.6.5 加工:自己做老板

这个项目,局限性比较大,不适合大部分回乡创业者。要求具备强大的经济基础,良好的销售能力。能做到这个程度的人,大部分在老板级别了吧。但农产品的深加工,是未来最具发展前景的行业,这个毋庸置疑,在此也推荐给大家。

创业难度大,但收益的稳定性,做大的可能性都值得搏一把。成了,就是风云人物,败了,再回城市打工呗。

7.6.6 自助小火锅迎来第二春,关键是控制用餐时间

2014年年底,自助小火锅重出江湖。其第一次在市场引来投资者关注是在2010年前后,但是由于掌控成本不利,很多投资者入不敷出,最终关门大吉。而这次自助小火锅重出江湖,在管理上吸取了很多品牌自助餐厅的经验,目前7成的投资者还是取得不错的盈利。目前自助小火锅的投资额(不含加盟费),从6万~20万元不等,毛利润率在30%~45%。关键点:房租和用餐时间是致命点。

7.6.7 空调"二次污染"催生市场热门生意

家电"二次污染"在引发人们对健康担忧的同时,也给不少企业带来了新商机。业内人士介绍,家电引发的"二次污染",仅仅借助一些普通的清洁、洗涤用品,是很难清除的。以空调为例,一些消费者以为在清洗空调时倒些消毒液就可以清除机身里面的污垢,但情况并非如此。空调散热片主要由薄铝片构成,强度小,表面容易损伤。加上结构复杂,普通的表面擦拭很难清除隐藏的污垢,更不用说是消毒了。正因为这样,空调消毒剂等因为空调"二次污染"才出现的新奇商品,开始占据超市的醒目位置。

7.6.8 黑鹅毛漂白加工冷门中的大利益

漂白黑鹅毛带来大商机,山东省文登市锐达羽毛球厂是大学生自主创业项目,拥有黑鹅毛漂白专利技术,通过特殊工艺将黑鹅毛漂白,成为羽毛球制作原料,其成本仅为白鹅毛的十分之一,赢得了羽毛球生产商的青睐,年销售额达500多万元。

7.6.9 废旧玻璃回收市场商机巨大

目前,由于我国废旧玻璃回收利用技术的落后,废旧玻璃只能用于做成各种建筑材料,如玻璃饰面砖、泡沫玻璃、微晶玻璃、彩色玻

璃球等。另外，玻璃回收缺乏统一有效的途径，导致废玻璃回收利用企业没有稳定的货源，无法和玻璃制品生产企业形成有效的合作。而随州富尔机电有限公司是一家从事再生资源回收的企业，公司自行研发的高新技术——智能高熔转换技术及专用的溶解液，能将废旧玻璃直接转化为新能源晶砂，合作商只需投资几千元即可办厂。

7.6.10 返鲜花生

返鲜工艺四季卖，花生俏销走势好！以前，新鲜花生的反季节生产是空白，加上保鲜难度大，人们在秋收时节才能一饱口福，不论对于广大农户还是消费者来说都很遗憾。干花生返鲜技术开拓了四季鲜食花生的先例，由此可见是比较实用的新技术，极具市场潜力，刚从地里采收的新鲜花生果，水煮后其鲜嫩美味，且营养优于油煎炸或爆炒，深受现代人的欢迎和喜爱，一度成为市场上的抢手货。尤其是不少餐馆、火锅店、卡拉OK等餐饮娱乐场所，作为休闲小吃更是备受青睐。返鲜花生的市场价格在每千克4元左右，实际利润应该在一倍左右。如果是加工好的熟花生，做成麻辣的、甜香的、五香的等口味后，价格就可以卖到每千克6元左右。每天销售熟花生50千克，利润是200元。如果采用黑花生和彩色花生效益则更高。

7.6.11 广告道闸机带来新商机

用醒目的广告道闸机代替光秃秃的停车杆，实现停车场、传媒公司、商家的"三赢"，南京赵玉军在道闸机上找到了商业新市场。赵玉军表示，在道闸机上投放广告，你看着简单，觉得跟电梯广告差不多，其实大有文章。现在移动终端那么多，地铁上、电梯间里人人都在看手机，旁边的广告牌基本视而不见。但是开车的时候你还能看手机吗？你只能认认真真看前方，久而久之，印在道闸机杆上的大logo，想忘都忘不掉。

7.6.12 农村连锁经营蕴藏巨大商机

在义乌市，做服饰生意的商人可谓遍地开花。相比于乡镇，城市更高的消费水平让一些商家习惯性地把目光瞄准市区消费者。不过一些服装商家把立足点定位在农村，并创造性地进行布局和扩张，其成功的发展速度比在城市里更快，有的还把这种热门生意模式复制到浙江省内的各个农村。

7.6.13 私房出租市场忒大

上海最大的租房网络——上房租赁网的资料表明：目前上海市房屋租赁月交易额已达上千亿元人民币，近年来出租房屋面积已突破 500 万 $米^2$，实际发生交易而未登记的租赁量不计其数，租房而居的人员超过 150 万。北京市的房屋租赁市场则更大。据统计，北京市公有住宅出租的就有 8 600 $米^2$，私房出租达 300 万 $米^2$。此外，还有规模不小的出租屋如违章建筑和无证房屋都没有计算在内。目前我国城市人口已超过 3.5 亿，假设平均每户为 5 人，城市居民就有 7 000 万户，如果按 9% 测算，那么租房总户数则高达 660 万户。

7.6.14 牧草业蕴含巨大商机

牧草业在我国是一项新兴产业。目前我国草地资源远未达到合理、高效的利用与开发，其生产力很低。许多发达国家草地牧业的产值已占农业总产值的 50% 以上，而我国只有 10% 左右。当前，国际市场对一些如苜蓿草产品的草类青饲料的需要量急剧递增，日、韩及东南亚国家主要从美国和加拿大进口苜蓿草粉和颗粒饲料，每吨苜蓿颗粒饲料的价格在 250 美元左右。我国草地资源和劳动力资源丰富，毗邻日本、韩国和东南亚，运输便利，若积极参与其中，则商机无限。

7.6.15 洗衣行业，稳中求胜

洗衣业开展连锁经营源于 20 世纪 90 年代中期。洗衣连锁店作为一个实体，持久性较强，每年均有一个趋于上升的稳定利润回报；没有库存积压及欠款纠纷；开业运营步入正轨后经营管理模式简单，运营成本较低，是目前我国连锁经营中应用最为广泛、市场发展也较为稳定的行业。

7.6.16 国学热催生千万元商机

"国学热了，我们分到了第一块蛋糕，文房四宝好卖了。"中街文化大楼业务部李经理的脸上挂满了笑容。2017 年，文化大楼文房四宝销售总额为 18.23 万元，而 2005 年只有 14.95 万元，增长了 21.9%。毛笔、板刷、宣纸、石章、水粉、砚台等的销售额有些都翻了番。

除了一些固定的书法爱好者购买外，孩子成了消费的主力军。尤其在假期，有时一天能卖掉四五十支毛笔。家长说，孩子报了国学班，毛笔是必须准备的。国学教育是一个刚兴起来的市场，未来商机无限。北京某机构 2014 年 11 月成立的"乾元国学教堂"，专门吸收企业高管层为学员，把国学中的思想与现代企业经营相结合，一期的学费就是 24 000 元。国学市场在未来肯定有金可掘。保守估计，也是个近千万元的巨大市场。

7.6.17 汽车养护，潜力巨大

对于汽车养护，人们并不陌生。据有关资料显示，早在 80 年代的美国，汽车专业维修市场就开始迅速萎缩，汽车养护企业逐渐占据了整个汽车保修行业的 80% 以上。想创业就一定要找一个赚钱的行业好的项目，同时还得是自己喜欢或者能够胜任的行业，如果没有把握，这样做的风险是很大的。

7.6.18 头发再造市场商机大

专家表示,脱发、白发、秃发是一种非常常见的症状,可以说是一种不是病的病。各种门户网站对脱发、白发网友进行问卷调查数据显示:53%的在25之岁前就发现出现脱发现象,而在30岁之前出现脱发的比例竟超过了八成(85.9%)。

中国的头发再造市场是一个还没有成熟的市场,此领域内无激烈竞争,目前脱发市场上还有着约700亿的利润空间,而白发再造的市场与脱发市场不相上下。在调查中发现,目前治疗脱发的人群,一般的花费在6 000元以上者为正常,平均费用在4 500元,有的高达数十万元。目前在我国乃至全世界头发再造的市场潜力巨大,有着不可估量的巨大商机与前景。

7.6.19 在线旅游市场新商机 低端市场也有蓝海

根据国家旅游局发布的2014年旅游经济运行报告显示,2014年我国网上旅游服务收入仅占旅游总收入的4.95%。而美国在线旅游销售收入则占到了旅游市场总收入的39%,这不禁让我们对我国在线旅游行业的未来存有更多的想象!

目前,我国网民总数已经突破3.84亿,位居全球之首,其中有1 400万人在通过互联网安排旅行,消费者预订旅游产品的方式正在从线下逐步向线上转移。电子商务的便捷性、低成本、覆盖面广等优势是传统旅游方式所不可比拟的。

7.6.20 风行饰品

一般说来,饰品的利润是保持在百分之五十到百分之二百之间。也就是说进货价格在4元的饰品定价也许在6~12元之间。这样巨大的利润当然是绝大多数小本投资者的首选。风行饰品:项链、项坠、手镯、手链、脚链、手机饰品/包包挂件戒指、指环、挂件、佩饰、DIY饰品胸针、耳饰、对戒、吊缀、星座饰品等。

7.6.21 异味=商机 他专找异味每年纯利润十几万

才装好的房子,刚买的车子,一般人闻到的是刺鼻的味道,刘海正却从中嗅到了商机——创办专门去异味的公司。为此,他还为自己安排了"三部曲"。现在,刘海正公司的热门生意越做越好,每年能有10多万元的纯利润。

7.6.22 发泄网走俏,有利!

告别每天巨大的生活和工作双重压力,许多人往往会选择听音乐、运动或是外出旅游、购物等方式来减压。而近几年,打着"发泄"招牌的网站逐渐受到众多网友的青睐。

据了解,部分"发泄网"除了发帖宣泄情绪以外,还专门划出区域,设立"发泄室"。在发泄室里,发泄者可将自己讨厌的人的名字输入虚拟的 flash 动画人物上,再选择用虚拟的手、脚或是木棒、手枪等对其进行袭击,直到对方被折磨得惨不忍睹为止,有些项目要收费,比如挨骂服务,价格一次 0.5~18 元不等。

7.6.23 网上出租奢侈品,可行!

生活成本攀升,白领的荷包大幅缩水,对奢侈品的销售量也是一个不小的考验。面对利润大幅下滑,一些商家作出大胆的改革和创新,推出网上出租奢侈品业务。

据了解,目前这个模式在美国颇为流行,在国内尚不多见。顾客可先在网站上选择各个品牌的款式。下单后,衣服连同一个预付返还包装就会在第二天送到。出借的期限为四天,例如,借一件衣服4天的价格为 200 元,这对于购买一件国际一线衣服的价格来说,还是相当便宜的。

7.6.24 白领爱网购"自热食品",机会!

写字楼里,工作节奏快,白领通常为了赶时间,普遍喜欢食用方便食品,而在众多方便食品中,白领们最爱的是"自热食品"。据淘宝网相关负责人介绍,仅淘宝网每天销售"自热食品"数量超过5吨。所以对于一些网络卖家而言,准备点"自热食品"销售是一个不错的选择。

7.6.25 奶酪店:投资不大,选址是赚钱命门

奶酪店是最近一两年市场中比较火爆的小生意之一。该项目最大的特色,销售的是以奶酪为主的各类奶制品,包括奶昔、奶茶……无论从各个项目方宣称的投资额,还是从记者实地考察的投资额,都不大,基本在2万~5万元之间(不含加盟费)。毛利润率50%~60%。

关键点:景点、居民区最适合电商解放农村经济。

上淘宝卖农产品的都是挽着裤脚、双手沾泥的农民伯伯?你落后了!2017年7月3日,全国26个省区和直辖市、176个县市区领导齐聚杭州阿里巴巴西溪园区参加"首届中国县域经济和电子商务峰会"。他们之中有"电商百佳县"的县长,有对电子商务感兴趣的县长,有"推销"当地农副产品和县城特色产业的县长,内蒙古兴安盟、贵州铜仁地区和陕西榆林地区等地更是组织了辖区多个县长组团参与。

在进入会场前,阿里巴巴向他们每人发了两本书,分别是《电子商务知识干部读本》和《电子商务100问》,一共60余万字,内容却十分简单——电子商务的基本知识和淘宝的专业术语。而这正好暗合了这些县长们来参会的目的:搭上电子商务和淘宝网购的快车,打通全国甚至全世界的消费渠道,带动县域经济的生产方式升级,在这场新的革命中挖掘新的价值。司马迁在《史记》中写道,"郡县治,天下无不治。"从秦设郡县制以来,县一直是中国最重要的行政区划单位。中国有2 800多个县级区划单位,有很多县的人口超过100万,比世界上的很多国家还要多。

时间流转,沧海桑田,世界发生着巨大的变化。作为一个比较重要的基本单元,而今的县,不但提供了通信、物流、金融、教育以及

居民生活所需要的很多基础服务，与各个乡镇的特色能很好地结合在一起，而且最有可能成为中国经济转型的新版图中最基本的节点。张五常在他的《中国经济制度》一书中认为："今天的中国，主要的经济权力不在村，不在镇，不在市，不在省，也不在北京，而是在县的手上。理由是，决定使用土地的权力落在县之手。"与工业时代经济的发展呈现阶梯状的发展不同，互联网提供了一个前所未有的发展模式，它最核心的本质是网状结构，是一种去中心化的分布式配合。它的开放、分布式、平等的结构，为相对落后和边缘区域跨越式发展提供了可能，甚至某种意义上可以无中生有。其实，早在5年前，一场以县为最基本单元的农村经济革命就已开始。随着淘宝上农村网商的兴起，淘宝的销售在三四线城市呈现高速增长的态势。无论是沿海地区，还是西部边疆，县域经济正在跟电子商务产生碰撞、融合，以"淘宝"为代表的电商，正在以不同的方式渗透到各市县居民的日常生活中，由此诞生了电子商务百佳县抑或是淘宝村这些新概念。县域经济，一个可以撬动中国经济的基础单元；电子商务，一个驱动中国经济增长的崭新引擎，两者的相逢，迅速产生化学反应，农村那些存在多年的传统生产方式、消费方式发生巨变，农民的思维发生一次大的洗礼，一场解放农村经济的大运动正在中国各地蔓延开来。

县长推动的"正规军"。

如果说36年前以农村土地承包责任制的改革使得农村参与劳动和经济的活动得到了极大的解放，是一场中国从计划经济向市场经济转型的革命，那么，这次从工业经济向信息经济的转型中，电商改变农村经济，同样也是由很多民营的、草根的、农村的、边缘的小创业者白手起家的。不同的是，这次革命的领军者是县的领导们。据了解，2017年山东1号文件是讲商务厅全年的工作，2号文件就是讲怎么促进山东省电子商务的发展；而在杭州临安市，甚至专门设置了负责电子商务的副市长。作为一个新兴的商业模式，电子商务在县的发展过程当中，政府扮演着不同的角色，这个角色可能是启蒙者，可能是推动者，可能是管理者，也可能是监督者。

正如阿里巴巴副总裁叶朋表示的,"与早年农民自发上网开店不同,近年来村镇电商明显呈现出组织化、规模化的特点,其中不少县级政府在产业规划、市场引导、人才培养等方面发挥了重要作用。"

武功县位于丝绸之路的起点,2013年年底才刚刚启动电商。虽然地理位置、交通优势、区位优势非常明显,但西部起步晚,做电商没有人才。陕西省咸阳市武功县县长张小平带着县班子到西安,挨家挨户找电商企业去拜访。当地政府提出了"打造陕西电商第一县"的口号,通过引进淘宝金冠卖家、推动传统特色产业上网等措施,极大提升了本地电商热度。现在,有20多个搞电子商务的企业落户在武功,在他们的带动下,武功又开了200多家淘宝小店。甘肃成县县委书记李祥是活泛运用互联网资源推销本地特产的典范。他由于不遗余力为成县核桃做推广,被人称为"核桃书记"。截至2013年11月底,仅通过成县电子商务协会销售的鲜核桃就达340吨,干核桃90吨,其中30%销售收入来自线上。

临安的农村电子商务最早出现在2005年的一些农村,开始是一种自发类型和草根型的。在电子商务发展的过程中,很多村也遇到了瓶颈。"一是像仓储、物流、配送,政府需要对安全进行规范;还有就是很多农户开网店的时候遇到技术问题,包括怎么运营、宣传、营销、怎么做网页的设计等等。"浙江省临安市人民政府副市长周连昆在接受《商业价值》采访时表示。为此临安筹建了电子商务的公共服务中心,里面集中了很多的第三方服务商,包括代运营、营销、宣传、设计。组成这样的网络服务商之后,在村里布下了公共服务点,这些服务商可以定期选择半个月一次流动式到村里给农户提供服务。浙江省遂昌县是近几年迅速崛起的淘宝县,不但茶叶、笋干、竹炭等加工土特产受到欢迎,还率先通过土猪肉、北界红提团购等,在生鲜网络零售打开了局面,形成了全国闻名的遂昌模式。在遂昌县政府的支持下,遂昌一开始就通过遂昌网店协会,以"协会+公司"的"地方性农产品公共服务平台",以"农产品电子商务服务商"的定位探索解决农村对接市场的问题。在峰会上,河南登封、浙江桐庐、安徽歙县等地的县长们带来了旅游和文化资源。河南登封、农产品,包括武术产品虚拟化搬到线上来,把它造成虚拟登封,集中打造'禅、武、农、医、民俗、创意、旅游'七大产业在生态平台和电子商务平台上融合发展。随着越来越多的'县长'意识到电商的重要性,着力推进村镇电商的发展,加上县域地区网购消费人群的爆发性增长,县域地区有望成为未来几年中国电子商务最火热的增长极,"叶朋说,"县域经济也将更深更快地融入全球大市场,网上完全有可能将诞生几个全球性的县域品牌。"生产、消费、思维方式大转变,成县、陇南、舟山越来越多的县嗅到了网上的商机,开始有组织地建构产业链,探索新玩法,通过阿里巴巴电子商务平台把土特产品卖到全世界。根据阿里巴巴发布的数据,2013年中国县域市场共发出14亿件包裹,收到18亿件包裹。电子商务带来了产品流通的扁平化、农产品交易方式的公平化、农产品产销衔接的新秩序和农产品对称信息的透明化,给农产品生产和市场主题注入了一种新的能力。在被称为"草柳编之乡"的山东博兴,电子商务已经催生了湾头村、顾家庄两个以手工艺品为特色的淘宝村,并引发了其他传统制造业纷纷"触电"的连锁反应。山东滨州市博兴县湾头村,夏天的午后,树下倚坐着几个赤膊老人在絮叨家常,他们身边停着几辆摩托平板车,每天傍晚时分,那些板车都会装满加工好的草柳编器具,集中送给网店。而和板车一样在村里穿梭的,还有几家快递公司的小货车。它们从网店提货,然后送到全国各地的买家手中。现在,湾头村已经形成草柳编电商产业链,快递公司有20多家。阿里巴巴研究中心高级研究员陈亮说,湾头村淘宝产业的社会经济效益较大,在淘宝上形成了湾头村草柳编的区域品牌效应,还拉动了周边配件、物流、电信等产业。"人同土地结合在一起,生于斯,死于斯,土地生产四季循环不已。"费孝通《乡土中国》的描述在湾头村已经逐渐消失,草柳编电商改变了固守多年的农村经济生态,跨越了此前乡镇企业的阶段,重塑了中国乡村的经济结构。在广袤的农村,老百姓买东西很不方便,在村一级不可能布局大的超市或者是商场,县域面积很广,远的村子乡镇到县要两个多小时,农村的居民买一些生活用品都要赶很长的路。电商的出现,改变了这种传统的方式。网上的商品品种多、款式多、价格便宜,可选择的余地大。最重要的,可以借助晚上或者中午休息时间在电脑上浏览,本来要去外村买的商品,很短时间就会搞定。而且,从网上买的东西可以看评价,对物品品质、物流、外包装以及客服小哥的态度。遂昌模式的赶街就是改变农民消费方式的很好创意。赶街,集赶集和逛街于一体的主题活动。以定点定人的方式,实现在农村实现电子商务代购、生活、农产品售卖,基层品质监督执行等功能。赶街服务内涵有三块:第一是买东西。通过赶街网点,买东西不但便宜而且方便,大大地降低了购买成本。从生产资料到家庭用具,甚至家庭装饰材料,通过赶街就可以足不出村就能买到想买的产品。第二是卖东西。赶街里卖的产品都是县里不同村做出来的年糕、粽子、米酒或者红提。第三是服务功能,通过这个平台能够实现交税费、电费、咨询,政府很多公共服务向农村基层延伸都通过赶街网,比如信息的发布、各种技术的发布以及培训等。现在,阿里电子商务网点遍布到遂昌县 203 个村的每一个村。赶街的出现,极大提升了县域经济的运行效率。现在全县网商有 3 000 多家,至少带动 203 个就业机会,通过他们跟县域平台的对接,带动一系列的物流等。以前有一句话叫做"打土豪分田地",现在农村又有一句新的口号叫做"当土豪分田地"。

7.6.26 婚庆行业

据国家统计局调查资料显示,我国目前正进入新的婚育高峰期,全国每年有超过 1 000 万对新人结婚。粗略计算,全国每年婚庆产生的消费总额超过 3 000 亿元,全国每对新人的加权平均消费金额达到 12.58 万元,同时,未来 5 年中国婚庆消费额将在此基础上还要再翻一番。因此婚庆市场被业内人士称为"甜蜜金矿"。婚庆行业是一个新兴的行业,蕴藏着巨大商机。目前在各行业中逐渐走俏,受到社会各界的青睐,是一项朝阳产业。婚礼是人生中最重要的一件事情,每一对新人都想让自己的婚礼浪漫而独具特色。时尚、有品位、文化性强、个性化定制婚礼是每一对新人的追求，婚庆公司满足新人的需求成为制胜法宝。你也可以在婚庆行业当中的一个环节上做文章。例如，你只负责婚礼现场布置或者婚车装饰，婚庆用品的买卖也是十分巨大的市场，总之，只要你能想到新人的需求，你就能抢占商机。

7.6.27 制作软陶

软陶是一种黏土，一种可以雕塑成型的黏土，属热固性材质，创作出来的作品必须放进烤箱烘烤成型。

软陶制品自进入市场以来，由于人们的需求量不断加大，许多生产和经营的厂家越来越多，并正在形成一个独立的产业，在个别地方这甚至成为了当地经济发展的支柱产业。由于软陶具有无毒、无味、可塑性强、色彩艳丽、烤制方便的特性，因此是家庭、个人、手工店、学校、幼儿园以及工艺品生产厂家理想的手工材料。从制作设备来说，软陶制作需要一个电烤箱，价格在280元左右；还有一套制作工具，包括擀棒、签子等，再加上一套简单模具、配件什么的，有200元也够了。这就是全套设备了。软陶材料制成的饰品成本低廉，利润空间很大，是非常适合个人的投资项目。软陶制品不但可以批量生产，更重要的是还可以DIY的形式来推广。加上区域的加盟和培训所产生的效益利润十分可观。

7.6.28 豆浆商机

现代人对健康的要求越来越高，而豆浆的好处更无须赘述。特别是现磨新鲜的豆浆更是受到人们的喜爱。现磨豆浆没有大家想象的那么复杂，无论什么口味的，其实都只有火候和原料调配比例上的差别，极易掌握。

开豆浆店对于摊位的大小要求不高，如果你手头比较宽裕，可以开个专门的豆浆店，搭配早点来卖，更可自行研发不同口味的豆浆。如果资金紧缺，那么完全可以自己在家开个豆浆作坊，将做好的豆浆配送到其他早餐店或者在白领上班、学生上学的必经之处开个豆浆摊位。完成这些你只需要购买几个简单的设备即可。但前提是你的豆浆必须干净卫生,得到相关部门的认可。豆浆生意绝对是个不错的小本创业项目。

7.6.29 宠物当"月老"

"纯种迷你红贵宾GG,聪明伶俐,现已一岁多,该是交女朋友的时候了,希望有合适的纯种贵宾MM速来征婚哦。"一岁多就要征婚?仔细看才知道,原来这是为宠物"征婚"。出生于1984年的兰胜东就是它们的"月老"。

宠物族这个群体相对稳定、人数不少,且经济基础雄厚,都很舍得在宠物身上花钱。所以"宠物红娘"这个创业点子不愁没有市场。据兰介绍,在其网站的促成下,有个山西的藏獒主人就不远千里飞赴厦门,与另一个藏獒主人结成了亲家。在多个二级城市,以网站为依托,建立类似狗狗会所概念的游乐场,吸引玩家特别是周末来遛狗。这样,还能给宠物主人创造更多的交友机会,建立起同城宠物主人之间的关系网。

7.6.30 无糖食品店

随着保健意识的提高,不少消费者在购买食品时都十分注意了解所买食品含糖成分是否过高,专门经营各种无糖食品的专卖店"钱"途看好。近日看到一家无糖食品店,店内无糖食品种类繁多,有小食品、替代糖、饮料、糕点、进口食品等。店主李女士告诉记者,无糖食品店的主要顾客是糖尿病患者、肥胖儿童,为爱美而节食或不喜欢甜食的人也是店里的常客。

据了解,目前糖尿病患者出现了扩大化和年轻化的趋势,而随着瘦身概念的流行,以及小孩子防蛀牙的需要,无糖食品低糖食品的市场需求将越来越大。这个创业点子必定火爆。无糖食品店的投资可大可小,小一点的投资3万元左右,其中首次进货1万到2万元。在店址选择上，无糖食品店一般可以选择靠近公园、医院等交通便利的地方。在创业初期不宜直接开在热闹繁华的商业街，因为开这样的店主要是做回头客的生意。

7.6.31 "创业者超市"

假如开一家能解决创业者大量难题的"创业者超市"，是不是一个不错的选择呢？创业者超市提供的内容包括：创业信息（含数十个类别）、创业类书籍、创业类杂志、创业类VCD、CD以及录音带等。

据有关部门公布的一项调查显示，目前，中国想独立创业的人数已超过1.2亿，而且这个数目仍在不断增长；与此同时，创业者的烦恼也日益增多——苦于没有经商经验、苦于找不到好项目、苦于资金短缺等等。创业者的烦恼造就了一个绝好的商业机会，开一个专门为小本创业者提供一站式服务的个性店——创业者超市，"为创业者提供实用的创业信息，帮助创业者轻松做个小老板"；在帮助别人成功创业的同时，自己也创业成功，对于正在寻找创业项目的你来说，这算不算一个两全其美的选择呢？

7.6.32 "淘宝客"

淘宝网诞生之后，2007年就催生了一个新的职业叫做"淘宝客"。淘宝客相当于网上的"导购"，只需要建立一个网站，加上其他店铺的代码链接，推广其他店铺和商品。如果买家成功实现交易，淘宝客就可以赚取店铺的佣金被称为零成本投入的行业。时下越来越多人兼职当淘宝客，个人做得成功的月入上万。据业内人士反映，更有一些专门做淘宝客团队，每周入账数万元。区别于网店客服的是，淘宝客可以自行到博客、网站等渠道去推广，不用像客服一样，被动地等买家上门咨询。

"网上店铺成千上万，买家都有一个需求，就是希望有人来导购，而不是在海量的店铺里盲目寻找"，于是，产生了"淘宝客"这种职业,也就是帮助网上买家进行导购的人,淘宝客主要就是做淘宝网的导购。目前的淘宝客网站,有的主推店铺,有的则主推单品,有的主推一种类型的单品。此创业点子的优点就是零成本无投入,只要你有上网时间。

7.6.33 喜庆用品店

中国人爱热闹,逢年过节,家家都会张贴或摆放一些喜庆饰品,祝福新年吉祥如意,同时也为节日增添喜庆气氛。这数千年形成的传统风俗造就了一个庞大的喜庆用品市场,因此,可以考虑开家喜庆用品专卖店,经销或代销具有金玉满堂、财源滚滚、年年有余等寓意的喜庆用品,生意定会迎来"开门红"。

经营诀窍:每年的春节,市场对"中国结"的需求量最大,这种中国特有的民间手工编结装饰品,造型独特、寓意深刻,无论是送礼还是装饰,都很有市场。一般来说,带有吉祥如意、年年有余等祝福寓意的"中国结",春节时的销售特别旺盛。不同的消费者喜好不同,年轻人喜欢追求时尚,因此青睐一些融入新设计元素的中国结,如"中国结"饰品、汽车挂件;中年人则对质量特别重视,喜欢选择材质上乘但式样传统的"中国结"。此外,春节期间市场对红灯笼、春联、剪纸、年画等也有一定的需求。

7.6.34 聚会用品店

一到年关,单位的员工联欢晚会、客户招待会此起彼伏,而春节期间则是私人聚会的高峰期,各类小型的家庭 Party 已成为都市休闲一景。因此,春节前后人们对聚会用品的需求较大,而且这一新兴创业领域竞争相对平缓。抓住春节经济的商机及日益凸显的市场空白,开一家聚会用品专卖或租赁店,可算是先人一步。经营诀窍:聚会用品经营应定位在各种各样的晚会、聚会、文艺演出等用品销售及租赁上面,以聚会现场布置用品为主,包括彩带、灯饰、装饰树、自助餐台及餐具等,同时,兼营聚会游戏用品及各种服饰等。组织货源时,一定要注意时令性和潮流性。此外，为了吸引顾客，还可提供一些延伸服务，如聚会方案设计、舞台效果设计、免费化妆等。

7.6.35 礼品包装铺

一项调查显示，有超过一半的人春节期间将购买各种礼品，其中11.1%的受访者选择贵重礼品；以每个城市家庭平均支出100元，农村家庭支出50元保守估计，春节期间礼品经济的总额不会低于100亿元。这为礼品包装提供了巨大的市场空间，开家礼品包装铺，或是在礼品铺的基础上兼营包装业务，创业门槛不高，而且符合人们"礼品体面过人"的消费心理，应该能抓住"春节经济"的钱袋。此外，提供礼品寄售服务，帮助人们消化堆积如山的礼品，也是不错的经营点子。

经营诀窍：礼品包装铺既要服务好单个顾客，更要抓住大客户。最好的办法就是能与一些企业挂钩，承接企业包装业务。此外，礼品包装前一定要了解清楚赠送对象，要根据其身份、关系及礼品的等级来精心策划、制作。

7.6.36 汽车美容店

人换新装，汽车也要扮靓！尤其是每逢重大节日，车主都喜欢把爱车开到美容店，打扮一番，一方面图个焕然一新的好彩头，另一方面走亲访友有个好形象。因此，开家汽车美容店，不仅能赶上淘金好时机，而且今后的发展也不错。

有数据显示：目前我国60%以上的高档汽车车主和30%以上的低档车车主，都有汽车美容养护的需求，这一市场容量至少为200亿人民币。汽车美容已成为新的创业热点，市场需求潜力巨大。

经营诀窍：汽车美容虽然不如汽车生产、汽车维修的科技含量高，但同样也是技术活，从清洗、打蜡，到修补、装饰，每一样都要认认真真，技术水平、服务质量是绝对不能打折扣的。此外，春节期间可举办一些促销小活动，如赠送清洗服务、中国结挂饰等，提高服务附加值，同时也可借此积累客源。

7.6.37 精品零食店

春节期间，无论是走亲戚话家常，还是会朋友叙友情，零食是必不可少的。而且，随着生活水平的不断提高，包装精美、口味独特的精品零食备受青睐。因此，开一家精品零食店，采购一些普通超市所没有的风味零食，集中上千个品种，再配上湘味、川味、京味、东北味、台湾味等不同口味，生意不愁不好！

经营诀窍：既然是精品零食，一定要求新、求精。不仅要好吃，更要漂亮。包装精美，属送礼佳品，口味好是吸引回头客的关键。以巧克力为例，除普通巧克力外，还有巧克力粉、巧克力浆、巧克力礼包等，品种要多样化，适当可考虑进一些进口的零食。此外，拿货时还要注意食品卫生与保鲜问题，优质商品才能赢得消费者的喜爱。

7.6.38 民俗风情饰品店

春节期间民俗风大盛，独具慧眼开家民俗用品专卖店，挖掘有丰富文化内涵的民俗产品，既能让人们的春节过得丰富多彩，同时也是另辟蹊径创业。在货品组织上，可以中国的民俗用品为主，如大红牡丹土布、蓝印花布、蜡染制品、苗绣背包等。此外，也可经营一些国外的民俗饰品或摆设，如泰国丝绸、尼泊尔银饰、越南木雕等，丰富商品种类。

经营诀窍：经营民俗风情饰品店有两点很重要，一是知名度，建议多在当地的时尚媒体上露露脸，以吸引人气；二是店址选择很重要，最好选在时尚小店较为集中的地段或旅游点，才能保证客流量。此外，目前流行 DIY 风潮，经营者可考虑增加饰品设计或制作的服务，吸引一部分时尚人士。

7.6.39 宠物托养所

春节长假，旅游自然成为许多人春节休闲的首选，而家中的狗宝贝、猫宝贝们怎么办？找"宠物托养"。于是，宠物托养所，或是在宠物店的基础上提供寄养业务，就成为春节的另一商机。据了解，宠物托养的经济收入不错，宠物猫的寄养费约 30 元/日，宠物狗的约在 50 元/日，名品宠物或体形较大的宠物，收费还要贵。经营诀窍：经营宠物寄养业务，经营者要有合适的经营场所和一定的资金，需要了解清楚不同宠物的习性，准备好充足的食物和玩具。建议在提供寄养服务的同时，还可提供宠物美容、宠物训练、宠物医疗护理等服务。

7.6.40 植物盆景店

目前，香草盆景是一项前景诱人的产业，在花卉市场上还是奇缺的抢手货。随着人们保健意识的不断增强，香草盆景的市场将会越来越大，这一天然绿色无公害香味品，满足了人们返璞归真的心理。香草盆景可分为三类：第一类闻香类：中华香草、香水草、香兰草等；第二类闻香理气类：七里香、薰衣草、西洋甘菊等；第三类杀菌驱虫类：蚊净香草、香蜂花、藿香等。

7.6.41 风刻硬材店

碑石图文雕刻制品，如平面浮雕壁画、路碑、纪念碑、墓碑、牌匾等等，广泛用于建筑装饰、商业门店招牌、原先林、公墓及市政建设等。千百年来，原先石雕刻制品为大众所喜爱，但因其采用锤子、凿子的手工操作，加工时间长，劳动强度大，技艺要求高，远远无法满足当今雕刻制品量大、速度快、质量高、图文精细、规范等众多需求。

近年来开发的数控、电脑、激光雕刻机组使雕刻又因具有投资高（少则几万元，多则几十万元）、体积大（只能固定经营）、材料大小有限制、技术难度大（必须懂得电脑才会变得快速）等众多因素制约其发展。

7.6.42 代办国外旅行

鼓鼓的腰包和越放越长的假期让许多中国人有了走出国门去游玩的机会，报纸上已纷纷推出了各类的国外旅游热线。当然，最先酷一回的还是那些舍得拿出大把金钱的年轻白领，归国后拿着一大把照片与朋友分享，真是乐趣无穷。

7.6.43 新型室内溜冰场

武则天的霸气体现之一便是诏令百花为她逆时开放。在今天，"逆时"对人类来说已并不难，冬吃西瓜已成易事，而夏日里在真冰场上一展身手也成为时尚。这种新型的室内溜冰场可以全年开放，不受地球气候变暖的影响，南方的男人们也可以在真冰场上享受盛夏了。

7.6.44 极限运动俱乐部

对于每个喜爱冒险的男人来说，征服恐惧是一种最大的收获。攀岩、蹦极、登山探险，一个又一个极限运动就是他们表现自我、尽情地展示自己的另一个舞台。每当到达顶点，那种超越自我的快感是一种难以忘怀的乐趣，真钱游戏后获得的那本勇敢者的证明书也是一种男人的证明。极限运动就像王朔的小说《玩的就是心跳》一样在男人中占据广大的市场。

互联网信息化的出现，不仅意味着一个行业的兴起，从某种程度而言，更像是整个社会的变革，从传统产业到新兴产业，无一幸免。"互联网+"是一个趋势，加的是传统的各行各业。过去十几年，互联网的发展很清楚地显示了这一点：+媒体产生网络媒体、+娱乐产生网络游戏、+零售产生电子商务。"互联网+"时代，对农业而言，将会带来巨大的发展机遇，农业只有与互联网有效地结合才能成为"现代农业"。江西作为农业大省，应当主动融入互联网时代的大潮中，助推实现农业发展升级。

7.6.45 大众餐饮成为新的创富商机

先是两会前有媒体报道说陕西羊肉泡馍、北京小吃等地方特色小吃登上代表、委员餐桌，紧接着又传出习总书记在参加贵州代表团审议时，深情回忆20世纪90年代去贵州时，有一次点了一碗牛肉粉当早餐，但吃了一顿不过瘾，还想吃第二顿，使一些具有中华传统经典与特色的美食小吃迅速走红。在未来一段时间内，符合大众化的餐饮消费，将成为餐饮市场发展新趋势。

7.6.46 石头里的养生商机

近年来，养生保健项目备受青睐，这让温商潘炳聪想到开发"可以养生的石头"——麦饭石。从以麦饭石为材料的床上用品起步，潘炳聪及其团队逐渐开发出饮水机、温热床垫、茶具、五谷杂粮等500多种麦饭石加工制品，并取得了18项专利（包含2项发明专利）。"'麦饭石五谷杂粮营养餐系列'是以麦饭石为肥料培育出粮食作物，再经过精加工制成的产品，以便消费者冲泡食用。"该项目启动不到半年，就在福建、湖南、江西、河南、陕西、山东、新疆等地开出了50多家加盟店。

7.6.47 鞋机行业迎来"黄金期"

"哪里有问题哪里就有商机。"这句商业真谛，用在今年的鞋机行业颇为贴切。在经历过前几年的沉寂之后，今年企业开工之后，自动化鞋机却突然受到了行业的追捧，不少鞋机商一开春就收到了几笔大单，与往年的市场平静大相径庭。鞋类制造商选择了智能鞋机代替人工，在业内看来，自动化设备的普及将成为未来两年的趋势。

7.6.48 政策倾斜防盗门企业，二三线市场商机大

国家对保障房的调控及增量，使得很多防盗门厂家瞄向了这块颇为可观的蛋糕。同时由于保障房大多数位于二三线城市的郊区，这里

便成为了各类门业的一个争夺商机的新战场。而防盗门明显在这种市场中大发异彩。而这些楼房大多属于户型大层数小的类别。对防盗门的需求是稳定且面积大，而防盗门正适合于这种楼房。

7.6.49 非洲建材市场商机正旺

最近非洲呈现了一股热火朝天的建设高潮，带来了巨大的建材业市场需求，而非洲大陆自身建材业技术落后，绝大部分仍依赖进口。无论从产品品种、档次，还是价格而言，我国的建材产品、生产设备和施工机械都极具市场竞争力，具有很大的贸易潜力。

以地板为例，中国产地板以高品质、低价格颇受非洲消费者喜欢。据南非实木和复合地板协会副主席斯蒂文介绍说："实际上我们发现来自中国的实木地板和复合地板的质量特别好。我发现中国真的是在复合实木地板方面的领先者。来自中国的这些地板，他们的成本比较低，我们国家的货是比较弱的，因此我们特别欢迎中国的地板。""我们以前没有什么公司是进口木地板的，但是现在我们有很多木地板的进口公司了。"斯蒂文补充说道。

7.6.50 儿童户外市场呼之欲出

随着户外产品的日趋成熟，众多户外商家瞄准了儿童户外这一商机。"如今，国内儿童户外市场尚属一片空白，'单独两孩'政策出台，家庭户外旅游观念兴起，还有童装童鞋的良好市场前景，这些都成为开发这一市场非常有利的条件。"天伦天户外用品有限公司副总经理范澎表示。

国内首个定位青少年户外装备的明伟 CAMKIDS 这几年的发展，也从另一个侧面佐证了儿童户外市场的潜力。从最初正式进军国内青少年户外市场，其推出的 CAMKIDS 表现突出，短短 5 年时间内，已经在全国拥有了近 900 家门店，遍及 200 个大中城市。2012 年，CAMKIDS 更成功登陆英国资本市场。目前，CAMKIDS 在国内同类市场销售占有率为 11.1%。

7.6.51 涂料行业转战农村市场，发掘新商机

涂料行业一线市场已经呈现饱和的状态，二线市场趋近饱和，保障房的建设虽然给涂料行业带来了一丝甘露，但对于火热的涂料市场竞争，暂时无法解决供大于求的问题。按照此情况看来，农村市场有望成为中小型涂料企业一个新的发展道路。

就中国现今社会来说，农村经济也迅猛发展起来，农村人民的生活消费水平也有所提高，对于时尚的家居理念也开始逐步地接受，这是涂料企业进军农村市场的最佳时机。

7.6.52 数码维修

随着科技的发展，时代的进步，手机、电脑、数码相机等各种数码产品的普及量已经越来越大，而这些数码产品也天生高贵，稍一折腾就容易出现故障，而数码维修店的诞生也消除了很多人的烦恼，同时也能赚到钱，何乐而不为呢？而以手机维修店为例，除开房租成本，仅仅几千元的设备投入就能成功开店，绝对算是本小利大的好项目。

7.6.53 上门出租服务

因为现在人们的生活水平都提高了，业余的消遣是无所不在的，这里说的是上门出租影碟和书籍。每天只需一个背包，打印一些宣传单，进一些影碟和书籍就可以开张了。具体操作可以自己再完美，平均每天保守的估量可以赚 50 元左右，书籍就租当月期刊杂志或最近畅销书，不要搞庞杂了。

现在虽然到处都有出租店，但现在人的繁忙使他们没时间去的太多，我就经常在家无聊的时候就想看哪部片子但又不想到店面去租的时候，如果有人送上门的话我肯定会租，就算原来没打算看的朋友也有可能租的。此投资总金额小（小于 2 000 元），适合一般没多少资金的朋友做个原始积累。

7.6.54 开个手工绣品店

近年来流行复古潮，中装很受欢迎，刺绣也成为时尚热点。可租一间 20 平米的门面，开一家手工绣品店。房租加装修费控制在 3 万元以内，加上办证照等其他费用，启动资金大约 4 万元。绣品的花色要丰富，树木、花卉、人物、动物都会受欢迎；另外要提高售后服务质量，告诉顾客绣品如何保养及如何选择适合自己的绣品等小知识，并尽量免费帮他们修补。

7.7 8个有争议的赚钱生意

7.7.1 有机蔬菜店持续盈利难

案例：南京新街口一家有机蔬菜店的霍老板称，自己的店有时候一个月下来，赚的钱还不足以支付房租。随着消费观念的转变，人们对天然、健康的有机食品需求增多，有机蔬菜店火了一段时间。但 2009 年的调查发现，大多有机蔬菜店不到半年，生意就会冷清下来。

点评：据广州食品协会专家分析，由于有机蔬菜一般成本较高，因此价格比普通蔬菜贵三到五倍，这使一些消费者在尝过新鲜之后便失去了兴趣，很难培养较忠诚的客户群。除此之外，经营有机食品最大的风险在于保质期通常较短，进货成本和平衡销量上一旦控制不好，就很容易造成亏损。

7.7.2 数码影印馆难做长

案例：一张彩色图像，2~3 分钟就能印制到瓷盘、瓷杯、衣服、小饰品、钥匙等多种材质上，为消费者打造真彩金属像、个性饰品像、布艺印像、个性印像杯等。这样的数码影印店曾经可谓火爆一时。但是最近几年，各地数码影印馆的生意就已经大不如前，不少店面已经濒临倒闭。

点评：据西安青年创业中心的于主任称，相对而言，像数码影印馆这类生意服务比较单一，往往是刚进入市场的半年左右时间异常火爆，年轻人对其都非常感兴趣。但时间一长，试过的也就不愿意再试，再加上竞争激烈，想盈利就很难了。对于此类生意，投资者应增加其盈利点，并时刻关注市场变化，随时了解最新趋势，做好阶段性更换项目的准备。

7.7.3　×元服装店竞争过于激烈

案例：19元裤装店、10元服装店……这些低价服装专卖店的加盟广告，近年来在各大卫视台"滚动播出"。在如此强大的"忽悠"攻势下，加盟这类服装店的投资者确实不少，挣钱的也有一定数量。但是随着其遍布各地区的大街小巷，人们的热情度却大减。据广州服装协会负责人称，其实这些机构批发给投资者的商品价格多数都在30元以上，质量也不尽如人意。时间一长，价格的优势也就对消费者没什么吸引力。加上该项目极易引发追风，像郑州等地，一条街上就有近10家此类小店，这也就大大分流了目标顾客。很多加盟商已经严重入不敷出，一个月赔上万元的加盟商随处可见。不过，现在还在经营该店的投资者，可选择打游击的经营模式，直接进社区并采用流动商铺的形式，在消费者失去新鲜感之前及时转舵，是不断更换顾客群体的好办法。

7.7.4　名品化妆品折扣店市场鱼龙混杂

案例：名品化妆品折扣店是投资者通过向盟主进货的形式销售各种名牌化妆品。根据化妆品品类不同，通常以正品市场价1~7折的优惠价格出售。目前，国内同类加盟机构不少于300家。2009年，有60%的化妆品零售店开业不到一年就倒闭。天津一家化妆品折扣店的张女士，由于没有良好的进货渠道，折扣店开了半年就赔了20多万元。

点评：据广州美容美发行业协会负责人称，超低价的化妆品大多是未通过海关的水货,甚至是小作坊出品的假货,厂家发的大都是些杂牌化妆品,各类名牌化妆品是没有太多折扣的,根本就没有什么利润可言。从长远看,投资名品化妆品折扣店还是有一定市场需求的。但是目前盟主鱼龙混杂,投资者想要投资一定要对加盟商在业内的口碑进行考察,同时投资者还需了解自己所处的市场需求及竞争情况。

7.7.5 情侣创意生活馆有些过时了

案例:情侣创意生活馆中小到情侣配饰,大到情侣居家生活用品,所有的东西都是巧妙且富有创意的结合在一起,使其成双成对,而售价却是成倍的增长。2009年不少小投资者看到其门槛低和利润大的优点,争相加盟,尤其以二三线地区为甚。但是很多加盟店在开业初期就出现亏损状况,大多数加盟店生意惨淡,重庆的一家加盟店甚至开张一个月就要转让。

点评:据陕西省人才服务中心负责人称,该生意虽然有一定的创意性,开业初期往往能受到不少情侣们的欢迎。但是相比其高出普通饰品几倍的价格,却不足以令消费者接受。因此,生意即便开始火爆也不会时间过长。加上该类小店通常都要开在商业繁华区,月租就会很高,所以经营者有时候甚至入不敷出。2010年该生意在各地已经过了最火爆的时期,因此不建议投资者介入。

7.7.6 青少年白发治疗中心中小投资缺乏竞争力

案例:青少年白发治疗中心,主要是由于目前"少白头"越来越多而出现的。因为主要靠药物治疗,所以该项目多以家庭作坊形式出现。投资者不需要购买仪器,也不需要太大的场地,只要引进一些药物就可以操作。2009年在各地开店情况十分火爆,尤以二三线城市为主。以郑州为例,仅三个月时间就涌现出近百家,但是大部分治疗中心的生意却不尽如人意,很多药物和产品出售不出去,只能砸在投资者手里。

点评:据北京医药行业协会称,青少年白发主要是与头发中微量元素、饮食习惯、精神压力等方面有关,没有药物可以达到根治效果,而这些青少年白发治疗中心所谓的重要偏方都只能是辅助治疗,不可能达到根治效果。目前这种治疗中心多是家庭作坊形式的,而北京、上海、河北等多个省市的正规医院,均已开展了治疗青少年白发的业务。这些小作坊式的治疗中心显然是无法与大医院相竞争的,因此想要从中获利很难。

7.7.7 咖啡书屋低门槛加盟,高难度经营

案例:咖啡书屋是集书店、出租店、图书馆、音像店、报刊吧、话吧和饮料吧等于一身的综合性休闲场所。2008年,休闲书吧在国内逐渐兴起,2009年相关招商广告急剧增多,目前国内同类加盟机构不少于200家。由于加盟门槛低,很多小本创业的投资者争相加盟,但是成功率却不高,40%的店开业不到三个月就关闭。

点评:据郑州就业指导中心讲师介绍,咖啡书屋选址一般都在学校附近。但是目前各大高校都有自己的图书馆,这就为经营造成相当大的难度。如果开在中小学附近,那么要考虑一个问题,就是书出租出去一定会有还不回来的情况。

另外,想要招揽顾客,就要准备大量能够满足不同人群对文化需求的书籍、音像制品等,这就增加了投资费用。除此之外一家书吧还需配有完善的服务,规模不能太小,还要考虑内部的装修问题。随着入行者数量的增加,消费者对咖啡书屋的产品质量和服务要求越来越高。竞争越来越激烈,这直接导致小本投资者越来越难进入这个投资领域。

7.7.8 个人形象管理培训叫好不叫座

案例:个人形象管理培训主要包括基础理论的指导(个人形象装扮基础法则)、实际操练、创业指导三部分。2008年年初,以加盟招商的形式进入市场后,受到了各界关注,一年的时间迅速火遍全国。主要品牌机构的加盟门槛都比较低,在无须科研投入、推广费用

的低门槛加盟条件下，部分品牌的加盟费都在 5 万元左右。2009 年，北京涌现出个人形象培训机构达 100 余家，但据业内人士透露，70%以上的店已经不靠培训盈利，大多以其他副业维持运营。

点评：据权威部门调查显示，有 76% 的消费者表示对个人形象管理培训感兴趣，其中有 82% 是正在找工作的高校毕业生或者待业人员。但是，在这其中愿意花上少则几百元多则上千元的人只有 11.8%。他们普遍认为，所谓的提升个人形象根本无须接受专业培训。

据中国教育培训协会介绍，由于加盟个人形象管理培训的投资门槛偏低，同时又对加盟商没有资质限制，因此颇受小投资者的青睐。像北京、上海、广州等一线城市，出现了该行业的大规模复制，竞争惨烈。而真正能在市场站住脚的，只有最初进入该行业为数不多的几家大公司。该行业市场认可度还不高，2010 年不建议中小投资者介入。

附 互联网基础概念扫盲

农村互联网常用名词及基础知识

UV：Unique Vister，独立访客。

PV：page view，即网站被浏览的总次数。

IP：internet protocol，指独立 IP 数，一天内相同 IP 地址只被计算一次。

CTR：Click-Through-Rate，点击率，一般也叫点曝比，点击用户/曝光用户。（衡量曝光转化的关键数据）

关于 UV、PV 和 IP 区别

PV（访问量）：即 Page View，即页面浏览量或点击量，在一定统计周期内用户每次刷新网页一次即被计算一次，打开多个页面会算多次。

UV（独立访客）：即 Unique Visitor，访问您网站的一台电脑客户端为一个访客，当然第三方统计很多时候用 cookies 记录，哪怕是游客状态都会计算，当然这种情况一个实体用户多个浏览器访问同一个页面会算多个 UV。00:00—24:00 内相同的客户端只被计算一次。

IP（独立 IP）：即 Internet Protocol，指独立 IP 数，一个用户在多个网络环境会算多个 IP，例如酒店 wifi，一个或者几个 IP，但是连接的设备有 n 多台，每一个设备都是用这个 IP 访问，就说明 IP 一般会小于 uv。00:00—24:00 内相同 IP 地址之被计算一次。

渠道合作模式

CPS：Cost Per Sales，按收入分成，常见的以后返佣的方式，如电商日用品一般一个 5~8 元不等。

CPA：Cost Per Action，每次动作成本，常见的为注册激活，下单等。CPM：Cost Per Mille，一般对广告主而言，即每千人成本。

CPC：Cost Per Click，即每点击成本，百度品专一般都是 2.5 元一个点击。

CPT：Cost Per Time，即按照时间周期付费，常见的为按月或者按季度付费，如网址导航里面的站点。

跳失：用户进入网站/页面后什么都没有点击直接退出，一般用于衡量跳转页面内容是否吸引，打开是否流程等关键数据。

EDM：Email Direct Marketing，电子邮件营销，你经常邮箱收到京东优惠通知，订阅通知等都属于这种方式，这种方式一般效率比较低。

SEM：Search Engine Marketing，搜索引擎营销，搜索引擎上推广网站，提高网站可见度，从而带来流量，如百度网络联盟，竞价排名等。其中包括 SEO（搜索引擎优化），即在原来搜索引擎自然排名下通过优化网站代码等进行优化，目的就是提高排名顺位，增加曝光。

积分墙：一般作为分发平台如应用宝等，结合任务系统给进行分发的一种方式，常见的为下载 app 完成任务，送积分或者优惠券等。

DSP 展示广告：是 Demand-Side Platform 的缩写，即需求方平台，主要链接广告主。也就出现了目前很多的中介代理公示帮广告主在预算范围内选择合适平台进行推广。（一般还会有对接的 4A 公式协助资源输出）

SSP：Sell-Side Platform，媒体服务平台，一般来说链接媒体方/流量方。如百度 SSP 媒体服务。一般会提供人群划分（一般说的精细化运营的定向投放能力）和收益报表等构成。

MRD：Market Requirements Document，市场需求文档。常见的为竞品分析，一般用于立项，基于目前市场数据及竞品等进行项目提出，一般用于提案。

PRD：Product Requirement Document，产品需求文档。一般是说明实现的过程，较为详细。有些公司为了敏捷开发需要，很多时候会直接在原型图上面通过注释方式进行更直观的展示。

PMD：Program Managment Document，项目管理文档，一般包括项目进度、项目资源、责任人和项目输出物，常规通过 visio 进行甘特图绘制管理。该文档一般贯穿整个项目全程。

Mb（全称为 Mbps）这是电信部门衡量网络带宽的单位，意思是兆比特位每秒。

MB（Mbytes）是电脑文件容量的单位兆字节。

带宽单位详解

bps 是 bit Per Second 的缩写，翻译成中文就是比特位每秒，也就是表示一秒钟传输多少位（bit）的意思。

位（bit）与字节（Byte）之间的关系

存储单位详解：80G 硬盘。G 就是硬盘容量的单位，也是存储的单位。存储的最小单位是字节 Byte。对于存储单位，有以下几个单位，GB、MB 和 KB，那么这三者之间的换算关系是：1GB = 1024MB，1MB = 1024KB，1KB = 1024Bytes。

Kb 与 KB 之间的关系：我们在电脑原理中知道，电脑的最小存储单位是字节 Byte，一个字节，是由八位二进制位组成的。由此，我们可以这样认为，一个字节是由 8 个位组成的，或者说一个字节与八个位所占的空间是相同的。因为，当我们使用 100Mb 带宽的网络下载时，理论上的速度应该是 100 除以 8 等于 12.5MB。

bps：位/每秒，通常对于串行总线设备使用 bps 为单位，如串口，USB 口，以太网总线等。

Bps：字节/每秒，通常对于并行总线设备使用 Bps 为单位，如并口，IDE 硬盘等。

带宽 1M，是 1024K 个 bit，即 16 个 64K bit

磁盘是 1M，是 1024K 个 byte（1M = 1024K = 1024×1024 byte = 1024×1024×8bit）

另：100M 局域网都是 bps 计量，当用于软件下在时，下载工具一般又以 Bps 计算。

参考文献

[1] 孙百鸣．我国农村电子商务发展初探［J］．北方经济，2013，9（10）：226-227．

[2] 李国敬．加快农村电子商务发展的几个问题［J］．山东省农业管理干部学院学报，2010，16（4）：165-166．

[3] 于小燕．我国农村电子商务发展现状与对策［J］．经济导刊，2013，5（12）：102-104．

[4] 杜文宏，刘茜．我国农村电子商务发展研究［J］．商场现代化，2012，8（5）：78-80．

[5] 朱甜甜．我国农业电子商务发展现状的研究［J］．湖北函授大学学报，2011，（12）：38-39．

[6] 陈锋，杨锐．浅析中国农村电子商务的发展策略［J］．科技视界，2012（5）：7-8，15

[7] 韩长赋．学习贯彻党的十八大精神推进农业农村经济发展取得新成就．人民日报，2012.11

[8] 陈锡文．当前中国农村改革发展的形势及面临的问题．中国经贸导刊，高层论坛，2012.8

[9] 罗林虎．解读党的十八大：加强农村社会建设，2012.11

[10] 瓜爹．农业农村面临新新形势新挑战．新浪博客，2013.4

[11] 刘彦随．中国新农村建设创新理念与模式研究进展，地理研究

[12] 陈锡文．推进社会主义新农村建设，发展，2005

[13] 徐勇．国家整合与社会主义新农村建设，社会主义研究，2006